Durch die einseitige Betonung der Technik und
des materiellen Konsums büßte der Mensch
den Kontakt mit sich selbst und mit dem Leben ein.

Erich Fromm

JENS MARXEN

Den Sinn des Lebens spüren

Leibphilosophie und Lebenskunst

Bibliografische Information der Deutschen Nationalbibliothek:
Die Deutsche Nationalbibliothek verzeichnet diese Publikation
in der Deutschen Nationalbibliografie; detaillierte bibliografische Daten sind im Internet über dnb.dnb.de abrufbar.

Herstellung und Verlag: BoD – Books on Demand, Norderstedt

ISBN 9783756888221

INHALT

Einleitung 7

Die Entdeckung des gespürten Leibes 11
Eine kleine philosophische Revolution 13
Wer leben will, muss spüren 26
Neuland: Eine Reise durch den Leib 31
Fester Boden unter den Füßen: Die leibliche Identität 39

Die Trennung des Menschen in Körper und Seele 47
Auch Philosophen können sich irren 49
Platonische Leibverachtung 52
René Descartes spielt Gott 62
Die Vernunft erstickt den Leib: Immanuel Kant 72
Epikurs menschenfreundlicher Garten 87

Wird Neu-Atlantis zur Realität? 99
Die Entsinnlichung der Welt 101
Die Herrschaft über Leib und Leben 113
Der Mensch im Gehirn 120
Die Phantasien der Transhumanisten 133

Eine neue philosophische Lebenskunst 145
Leib statt Körper, Geist und Seele 147
Spüren lernen 159
Die Natur in uns 167
Vom Sinn des Schmerzes 182
Das höchste Gut: Heiterkeit 193
Der Sinn des Lebens 198

Einleitung

Nie zuvor in der Geschichte waren die Menschen so umfassend informiert, wie wir es heute sind. Orientierung im Leben müsste für uns daher die einfachste Sache der Welt sein. Aber das Gegenteil ist der Fall. Gleichgültig wie sehr wir uns um Wissen und Aufklärung bemühen: Eine grundlegende Desorientierung bleibt. Das ist wenig überraschend, denn unsere moderne Welt ist durch zwei Merkmale geprägt: Erstens ist das eigene Gespür für die Welt völlig entwertet worden. Wir wissen heute zwar, was allgemein üblich ist, aber wir spüren kaum noch, was wirklich gut für uns wäre. Zweitens verlassen wir uns in allen Fragen des Lebens auf Techniken, Therapien und neue Erfindungen, ohne sie kritisch zu hinterfragen. Wenn ich ein spezielles Problem habe, so wende ich mich an einen Experten. Hat die Gesellschaft ein Problem, dann sollen neue Techniken es lösen. Es gilt die Annahme, Expertenwissen und Technik seien für die Lösung aller Probleme geeignet. Jede neue Erfindung ist demnach ein Baustein auf dem Weg in eine perfekte Welt. Unsere Kultur ist tief von diesem Fortschrittsoptimismus geprägt. Den Klimawandel bekämpfen wir mit noch mehr Technik, Zivilisationskrankheiten mit neuen Medikamenten.

Wer diese Haltung hinterfragt, wird oft als rückständig abgetan. Aber das ist zu einfach. Denn es ist unübersehbar, dass viele Menschen an unserer technisch hochgerüsteten Konsumgesellschaft leiden. Viele von uns haben das Gefühl, ständig etwas zu verpassen und gar nicht wirklich zu leben. Überraschend ist auch das nicht, denn für wesentliche Bereiche unseres Daseins sind heute andere

Menschen verantwortlich. Das gilt insbesondere für das Funktionieren unseres Körpers. Dieser soll möglichst widerstandslos das tun, was wir von ihm verlangen. Damit entsprechen wir ganz dem Ideal des Philosophen René Descartes. Dieser hatte zu Beginn der Neuzeit den Geist vom Körper getrennt. Der ideale Mensch der maßgeblichen Philosophen ist seitdem maschinenhaft und emotionslos, denn er soll in der kühlen modernen Welt reibungslos funktionieren. Von Glück oder erfülltem Leben ist bei Philosophen wie Descartes oder Kant überhaupt nicht die Rede. Diese Philosophen wollten mit ihrem Denken die Herrschaft über Mensch und Natur ermöglichen. Heute ist die Naturbeherrschung längst Realität. Doch was wir beherrschen, ist uns notwendigerweise fremd. Deswegen sind wir von der äußeren Natur, vom Mitmenschen und von uns selber mehr oder weniger entfremdet. Um die Entfremdung *von uns selber* geht es in diesem Buch.

Was können wir aber konkret tun, um weniger entfremdet zu leben? Eine relativ junge Strömung der Philosophie eröffnet ganz neue Perspektiven: Die *Leibphilosophie* beschäftigt sich intensiv mit dem gespürten Leib, da sie in ihm die Basis eines erfüllten Lebens sieht. Da der Leib in modernen Gesellschaften verdrängt wird, leidet die Mehrheit der Menschen an Gefühlen der Sinnlosigkeit und der Leere. Die Leibphilosophie zeigt einen Ausweg aus der Tristesse des entfremdeten Lebens. Ich mache mit diesem Buch die Leibphilosophie endlich einem breiten Publikum zugänglich.

Philosophie gilt vielen Menschen zu Recht als abstrakt und weltfremd. Allerdings hat die Universitäts-Philosophie überhaupt nicht den Anspruch, Menschen die Orientierung im Leben zu erleichtern. Die Leibphilosophie bildet eine Ausnahme. Sie errichtet keine Denkgebäude aus kalten Begriffen, sondern schöpft aus dem Reichtum unseres wirklichen Erlebens. Wenn man sich auf sie einlässt, wird man zwangsläufig mit sich selber konfrontiert. Das Ziel der Leibphilosophie besteht darin, uns die Orientierung in dieser eigenartigen Welt zu erleichtern. Denn sie bringt das zur Sprache, was in unserer intellektuellen und rationalen Welt verdrängt worden ist. Unser gespürter Leib ist zwar ständig im Hintergrund präsent, aber solange er uns nicht am alltäglichen Leben hindert, interessieren wir uns kaum für ihn. Es gibt ein gutes Argument, uns auf die Leibphilosophie einzulassen: Wir sind sowieso gezwungen, als leibliche Wesen zu leben. Wir können das gut oder schlecht tun. Die technische Zivilisation führt derzeit dazu, es automatisch schlecht zu tun.

Wir sind heute gewohnt, Altes sehr schnell durch Neues zu ersetzen. Nachrichten erreichen uns im Minutentakt, Produkte haben eine immer kürzere Lebensdauer. Würde die Philosophie diesen Trend mitmachen, dann könnte sie sich ebenso gut auflösen. Wer philosophiert, gewinnt Distanz zu den Dingen und sieht sie in einem größeren Kontext. Die Entfremdung von unserem Körper ist ein Resultat der Rationalisierung und der Industrialisierung. Diese Prozesse haben ihre Wurzeln im 16. Jahrhundert. Im 20. Jahrhundert war unser Teil der Welt dann vollständig industrialisiert und rationalisiert. Gegen die Einseitigkeit unserer Kultur regte sich damals Widerstand. Die zweite Hälfte des 20. Jahrhunderts war aus gutem Grund eine Zeit der Suche nach alternativen Lebensformen. Damals wurden viele Bücher verfasst, die sich sehr grundlegend mit der Situation des modernen Menschen beschäftigen. Ich stelle die Leibphilosophie in einen größeren Kontext und zitiere aus dieser Zeit ausgiebig Erich Fromm und Horst-Eberhard Richter. Beide waren Sozialphilosophen und Psychoanalytiker und beide haben sich auch aktiv für eine menschlichere Gesellschaft engagiert. Einige ihrer Bücher waren Bestseller und fanden ab den 70er Jahren viel

Beachtung. Die damalige Gesellschaftskritik hat nichts von ihrer Aktualität verloren. Durch die Kombination von Leibphilosophie und Gesellschaftskritik ergibt sich ein ganz neuer Blick auf unsere heutige Situation. Denn es zeigt sich, dass die Probleme der Gesellschaft ganz konkret auch unsere Probleme sind: Der ausgebeuteten Natur entspricht unser manipulierter Körper, dem Schwinden von Artenreichtum das Schwinden vielfältiger Lebenserfahrungen. Die Natur wird zur monotonen Plantage, unser Körper zum selbstoptimierten Werkzeug.

Wenn wir unserem Leib wieder die Aufmerksamkeit schenken, die er verdient, kommen wir uns selber einen großen Schritt näher. Außerdem haben wir dann einen kleinen Beitrag geleistet, um die Menschheit wieder mit der Natur zu versöhnen.

Die Entdeckung des gespürten Leibes

Eine kleine
philosophische Revolution

Mensch und Natur werden in unserer Epoche wie nie zuvor manipuliert und umgestaltet. Seit rund 200 Jahren verändert sich die Erdoberfläche inklusive der Lebewesen auf ihr mit rasender Geschwindigkeit. Ermöglicht wurde dieses gigantische Projekt durch Wissenschaft, Technik und Fortschritt. Die Wissenschaft ist eigentlich eine wunderbare Errungenschaft des Menschen. Problematisch ist aber ihre Verschmelzung mit der Technik. Denn Technik bedeutet die Anwendung von Wissenschaft in der Praxis, der Wunsch nach Fortschritt treibt Wissenschaft und Technik voran. Wären wir nicht den Verheißungen des Fortschritts verfallen, dann würden Wissenschaft und Technik sofort an gesellschaftlicher Bedeutung verlieren. Zwar sind nicht alle Menschen solche Fortschrittsoptimisten, aber ein ungebrochener Glaube an die Technik dominiert die Welt. Nicht persönliches Wachstum und moralische Sensibilität sind die höchsten Werte unserer Gesellschaft, sondern der Glaube daran, dass technischer Fortschritt auch humaner Fortschritt sei. Persönliches Empfinden und Zweifel an dieser Art von Fortschritt stören den Betrieb. Was allgemein als gut gilt, das soll für alle Menschen ohne Ausnahme gelten. Kritik an der Dominanz von Wissenschaft und Technik hat es schwer, denn sie hat den Zeitgeist gegen sich. Viele Menschen glauben, Kritik an Wissenschaft und Technik sei immer rückwärtsgewandt und esoterisch. Doch das ist ein Vorurteil. Es beruht auf dem Glauben, dass die Wissenschaft alle Bereiche der Welt und des Lebens erfassen würde, bis in den letzten Winkel. Jenseits wissenschaftlicher Erkenntnis und rationaler Planung gibt es demnach nur unvernünftige Phantasien und weltfremde Träume. Wie wenig selbst die großen Fragen der Wissenschaft mit dem Leben der einzelnen Menschen zu tun haben, können wir von dem Philosophen Albert Camus (1913–1960) lernen: Es könne uns gleichgültig sein, ob sich die Erde um die Sonne drehe oder die Sonne um die Erde, so Camus. Diese Frage hatte bekanntlich Galileo Galilei vor Gericht gebracht. Aber er entschied sich dafür, seine Thesen zu widerrufen. Sein Leben war ihm offensichtlich wichtiger, als seine Theorie über die Himmelskörper. Das sei laut Camus nicht verwunderlich, denn solche Fragen der Wissenschaften seien angesichts der Frage nach dem Sinn des Lebens lächerlich. Camus sah viele Menschen am Leben verzweifeln, da ihnen die Routine des täglichen Lebens und das Getriebe der Welt sinnlos erschienen. Die Frage nach dem Sinn des Lebens wurde für Camus zur wichtigsten philosophischen Frage. Das ist aber noch nicht alles: Für Camus wurde damit der Selbstmord zum einzigen echten Problem der Philosophie. Wenn wir am Sinn des Lebens zweifeln, dann fragen wir uns: Will ich mein Leben überhaupt leben, oder soll ich es selber beenden? An der Frage nach dem Sinn des Lebens hängt das Gewicht unserer gesamten Existenz.

Aber keine Wissenschaft dieser Welt wird je die Frage nach dem Sinn unseres individuellen Lebens beantworten können. Keine Technik wird uns helfen, diesen Sinn zu finden. Den Sinn des Lebens finden wir nur, wenn wir uns auf das Leben selber einlassen. Doch damit beginnen die Probleme: Wer sind wir selber überhaupt und was ist unser eigenes Leben? Um uns einer Antwort auf diese Frage zumindest zu nähern, helfen uns komplexe wissenschaftliche Theorien so wenig wie große philosophische Weisheiten. Wir müssen zunächst einmal als Individuen Boden unter den Füßen gewinnen, anstatt uns in weiteren Theorien zu verlieren. Genau das ist das Ziel der Leibphilosophie.

Die Frage nach dem Sinn des Lebens hat aber nicht alle Philosophen derart beschäftigt. Sie war Thema bei philosophischen Außenseitern, die der gesellschaftlichen Entwicklung kritisch gegenüberstanden. Vor allem Friedrich Nietzsche (1844–1900) als Denker des 19. Jahrhunderts war überzeugt, dass die moderne Welt überhaupt keinen Sinn mehr habe. Er warnte eindringlich vor einer Welt, in der die Menschen nur noch nach Macht und Besitz streben. Hinter dem modernen Fortschrittsoptimismus vermutete Nietzsche verdrängtes Leben und destruktive Kräfte. Trotz viel Polemik und manch fragwürdigem Gedanken in seinem Werk, hat sich Nietzsche um eine reflektierte Lebenskunst bemüht. In ihr sollte neben dem Geist auch der Körper zu seinem Recht kommen. Aber eine echte Leibphilosophie hat Nietzsche nicht entwickelt. Das liegt auch daran, dass er den Leib noch nicht ausreichend vom Körper der Naturwissenschaften unterschieden hat. Dass die Suche nach dem Sinn des Lebens mit der Wiederentdeckung des Leibes zusammenfällt ist aber kein Zufall. Denn die Entfremdung vom eigenen Leib ist untrennbar mit Gefühlen der Sinnlosigkeit verknüpft.

Philosophen entdecken selten etwas ganz Neues. Wie auch, wenn sie nur in den Büchern ihrer berühmten Vorgänger nach Erkenntnis suchen oder sogar glauben, das reine Denken in der stillen Kammer sei die einzige Erkenntnisquelle. Die Entdeckung des gespürten Leibes war eine kleine Revolution. Oder genauer: Diese Entdeckung hätte eine Revolution sein können, hätte sich nicht die große Mehrheit der philosophischen Gemeinde dem Thema verschlossen. Die wichtigste philosophische Schule der Leibphilosophie ist aus meiner

Sicht die *Neue Phänomenologie*. Von dieser philosophischen Schule übernehme ich einige Gedanken und erweitere sie um den Aspekt der Lebenskunst. Zwei Hauptvertreter dieser Strömung waren Hermann Schmitz (1928–2021) und Gernot Böhme (1937–2022). Hermann Schmitz war Professor für Philosophie in Kiel. Er hat den gespürten Leib ganz genau untersucht und beschrieben. Damit hat er den Grundstein für die Leibphilosophie gelegt. Schmitz wollte mit seiner Philosophie ausdrücklich Menschen helfen, die durch Technik und Fortschritt krank geworden sind. Gernot Böhme war zunächst Professor für Philosophie in Darmstadt, später hat er ein Institut für Philosophische Praxis gegründet. Böhme vertrat eine Ethik, in der dem Widerstand eine zentrale Rolle zukommt. Wer moralisch leben wolle, der müsse sich auch bewusst *gegen* eine Technik oder eine Therapie entscheiden können. Die Bücher von Schmitz und Böhme sind zwar nicht bewusst unverständlich geschrieben, setzen aber trotzdem Vorkenntnisse und ein gewisses Durchhaltevermögen voraus.

Neue Phänomenologie ist zwar ein sperriger Begriff, aber diese Philosophie ist leichter zugänglich, als andere philosophische Disziplinen. Denn diese relativ neue philosophische Schule nimmt das Leben in seiner ganzen Fülle ernst. Es geht ihr nicht um die Errichtung riesiger Begriffspyramiden, denn sie richtet die Aufmerksamkeit auf die Lebenswirklichkeit des Menschen. Die traditionelle Philosophie wirkt oft wie ein Labyrinth, in dem sich nur Eingeweihte zurechtfinden sollen. Karl Popper (1902–1994) hat diesen esoterischen Charakter der Philosophie gut beschrieben:

«Das grausame Spiel, Einfaches kompliziert und Triviales schwierig auszudrücken, wird leider traditionell von vielen Soziologen, Philosophen usw. als ihre legitime Aufgabe angesehen. So haben sie es gelernt, und so lehren sie es.» [*]

Aus meiner Sicht sollte die Philosophie an der Entwicklung alternativer Lebensformen mitarbeiten. Die Welt steht vor riesigen Herausforderungen, viele Menschen dürsten nach Orientierung. Doch viel zu viele Menschen verfangen sich auf ihrer Suche in den Netzen des Esoterik- und Ratgebermarktes. Eine kleine Gruppe von Philosophen bemüht sich zwar um ernsthafte Antworten, aber von der Mehrheit ist nicht zu Unrecht gesagt worden, dass sie sich mit Problemen beschäftigt, die überhaupt niemand hat. Die erlebte Wirklichkeit jedes einzelnen Menschen ist eben kein abstraktes Denken, sondern unmittelbares Erleben. Und der Ort dieses Erlebens ist immer der eigene Leib. Die traditionelle Philosophie will davon nichts wissen, da sie nur den Kopf und die Vernunft gelten lässt. Moderne Naturwissenschaft hingegen reduziert den Menschen auf das, was man von außen an ihm beobachten und messen kann. Das dient zunehmend dazu, ihn als Konsumenten oder Patienten steuern zu können. Die Leibphilosophie schlägt einen anderen Weg ein. Sie richtet den Blick auf unsere gespürte Wirklichkeit, um so das Fundament des Lebens zu stärken.

Wir verwenden heute große Mengen an Lebensenergie darauf, keine Zweifel an unserem Lebensstil aufkommen zu lassen. Dabei hätten wir allen Grund, unser Leben grundlegend zu ändern. In den 70er Jahren warnten viele Psychologen und Sozialphilosophen noch

---

[*] Karl R. Popper, *Auf der Suche nach einer besseren Welt*, München: Piper 1987, S. 112

vor der krankmachenden Industriegesellschaft. Denn diese Gesellschaft bringt seit Jahrzehnten mehr und mehr unglückliche Menschen hervor. Da diese unglücklichen Menschen ihr Heil im Konsum suchen, zerstören sie ganz nebenbei auch noch den Planeten. Es ist ein teuflisches System: Die Ausbeutung von Mensch und Natur verbessert nicht das Leben, sondern sie führt zu mehr unglücklichen Konsumenten. Da die Konsumgesellschaft nur durch Wachstum überleben kann, erzeugt sie zur Erhaltung des Unglücks noch mehr Unglück. Ich denke, grundlegende Kritik an diesem System hat es heute sogar schwerer als vor 50 Jahren. Das liegt an unserem Zugang zur Wirklichkeit. Heute glauben wir, einer Vielzahl komplexer Probleme gegenüberzustehen, die es irgendwie zu managen gilt. Immer weniger Menschen können sich ein Leben außerhalb unseres destruktiven Systems überhaupt vorstellen. Die einseitig technische Zivilisation durchdringt heute unseren gesamten Alltag. Früher waren technische Geräte ein Teil des Lebens, heute sind sie mehr und mehr das Leben selber. Unsere Wahrnehmung ist fast vollständig durch technische Systeme vermittelt. Die enorme Anzahl an Bildern, Zahlen und Nachrichten lässt uns übersehen, dass wir es dabei kaum noch mit der Wirklichkeit selber zu tun haben, sondern mit einer technisch produzierten Bilderwelt. Diese zweite Welt prägt aber zunehmend unser gesamtes Weltbild wie auch unsere individuellen Gewohnheiten. Das Internet vereinzelt uns zunehmend und macht uns abhängig von einer Flut an Bildern, Nachrichten und anonymer Kommunikation, ganz unabhängig von ihrem echten Wert für unser Leben. Unmittelbares Erleben und nichtkalkulierte menschliche Begegnungen werden immer seltener, der direkte Kontakt zur Natur und zum Mitmenschen droht künftig ganz zu verschwinden. Auch wenn es zunächst falsch erscheint: man kann diese Entwicklung auch als *vernünftig* bezeichnen.

Denn unsere gegenwärtige Situation ist nur die konsequente Fortsetzung einer Entwicklung, die spätestens im 18. Jahrhundert begann. Das war die Zeit der Aufklärung mit ihrer Forcierung der Vernunft. *Vernünftig zu sein* bedeutet seitdem nicht nur, in der Schule aufmerksam zu sein und nicht zu viel Alkohol zu trinken. *Vernunft* ist das Organisationsprinzip moderner Gesellschaften schlechthin. Wie wir sehen werden, ist der Begriff *Vernunft* von Philosophen eng mit Herrschaft und übermäßiger Disziplinierung verknüpft worden. Gefühle und Phantasie wurden zugunsten der Vernunft abgewertet. Der wirklich vernünftige Mensch hält sich an die Wissenschaften, er arbeitet gleichmäßig und zuverlässig, seine Gefühle sind gedämpft, den Mitmenschen begegnet er kühl und berechnend, er bejubelt jede neue Technik und dient so dem Fortschritt. Dieses Programm könnte bald aus praktischen Gründen ein Ende finden, denn der ungebrochene Glaube an Technik und Fortschritt führt weltweit in eine soziale und ökologische Katastrophe. Deshalb sollten wir die einseitige Herrschaft kalter Vernunft hinterfragen.

Schauen wir uns nun die Leibphilosophie näher an. In einem Satz könnte man sie so charakterisieren: *Unser gespürter Leib ist die Bedingung und Quelle unserer bewussten Existenz.* Nicht Bewusstsein, Ich oder Seele sind die unmittelbar erlebbaren Instanzen unseres Daseins, sondern der gespürte Leib. Wenn man die Geschichte von Philosophie und Psychologie kennt, dann mag diese Aussage sehr erstaunlich klingen. Aber wie wir sehen werden, gibt es gute Gründe für diese Behauptung. Begriffe wie *Seele* und *Ich* bleiben stets unscharf, da es keinen Konsens darüber gibt, was sie genau bezeichnen sollen. Der Leib hingegen ist jeder und jedem von uns unmittelbar zugänglich, denn wir erleben ihn täglich, ob wir wollen oder nicht. Ablegen wie ein Kleidungsstück können wir den Leib nicht, wir können ihn nur verdrängen und über ihn hinwegleben. Solange wir bei Bewusstsein sind, wird er stets die Basis unseres bewussten Erlebens sein. Wie wir sehen werden, beschreibt die Leibphilosophie unseren Körper aus der Perspektive, aus der wir selber ihn erleben. Das ist heute dringend notwendig, denn der gespürte Leib wurde zuerst durch Philosophen systematisch bekämpft, später dann weiter durch Wissenschaft und Medizin ins Abseits gedrängt. Deshalb lässt sich allgemein sagen: Moderne Industriegesellschaften sind ganz selbstverständlich leibvergessen und auch leibfeindlich. Normalerweise spricht man zwar vom entfremdeten *Körper*, doch es ist weniger missverständlich, vom entfremdeten *Leib* zu sprechen. Diese Entfremdung kann natürlich ganz verschiedene Formen annehmen. Vom kulturell verbreiteten Abtrainieren von Gefühlen und Regungen in der Kindheit bis hin zu dramatischen Entfremdungserfahrungen, die auch sehr persönliche Gründe haben können. Uns geht es hier nicht um extreme Einzelfälle, sondern um den Zustand der großen Mehrheit. Die Leibphilosophie thematisiert das, was heute als normal gilt. Der Körper ist in kapitalistischen Gesellschaften zu einem Instrument des Erfolgs geworden. Diese Tatsache hat Erich Fromm so beschrieben:

«*Der kybernetische Mensch aber ist so entfremdet, dass er seinen Körper nur noch als Instrument für den Erfolg wahrnimmt. Sein Körper muss jugendlich und gesund aussehen; er wird auf dem Personalmarkt als ein höchst wertvoller Aktivposten narzisstisch erlebt.*» [*]

---

[*] Erich Fromm, *Anatomie der menschlichen Destruktivität*, Stuttgart: DVA 1974, S. 317

Der gegenwärtige Mensch lebt also in einem Körper, den er für ganz bestimmte Zwecke gewinnbringend einsetzt. Er erlebt den Körper nicht als den Ort eines befriedigenden Daseins, sondern wie einen Gebrauchsgegenstand.

Die Entfremdung vom eigenen Körper bzw. Leib hat für unser eigenes Leben dramatische Konsequenzen. Zunächst bedeutet diese Entfremdung einen Verlust an Lebensqualität. Die längst chronisch gewordene Langeweile in modernen Gesellschaften hängt damit zusammen. Denn der gespürte Leib ist die Voraussetzung für ein erfülltes Leben. Wird der Körper aber wie ein Ding behandelt und im Bewusstsein abgespalten, dann verlagert sich das Zentrum des Menschen in den Kopf. Der Kopf ist aber kein Ort erfüllten Lebens, sondern des logischen Denkens und der Berechnung. Er ist deshalb ein wichtiges Werkzeug, um das Leben führen und bewältigen zu können, mehr aber auch nicht. Je mehr wir im Kopf leben, desto sinnloser erscheint uns das Dasein. In modernen Gesellschaften werden Glück und gutes Leben nicht ohne Grund ständig in die Zukunft projiziert, was wiederum perfekt zu unserem derzeitigen Wirtschaftssystem passt. Es ist demnach ganz normal, dass wir unser Leben als mangelhaft empfinden. Das technisch perfekte Schlaraffenland befindet sich eben noch im Aufbau.

Wer sich nicht an solch leere Hoffnungen klammern mag, sollte der Wirklichkeit ins Auge blicken. In dieser Wirklichkeit greifen Gefühle der Leere und Sinnlosigkeit immer weiter um sich. Die Digitalisierung hat diesem Trend einen weiteren Schub verliehen. Wir haben das Gefühl, überall gleichzeitig, aber nirgendwo wirklich zu sein. Die Kurzlebigkeit unserer Kultur führt dazu, dass viele Menschen zwar andauernd Neues ausprobieren, sich aber auf nichts mehr längerfristig einlassen können. Dieser Sprunghaftigkeit und

Desorientierung stehen Probleme von planetarischem Ausmaß gegenüber, die durch unseren Lebensstil sogar täglich weiter wachsen. Folgende Worte Friedrich Nietzsches sind von ungebrochener Aktualität:

> «Wohin bewegen wir uns? Fort von allen Sonnen? Stürzen wir nicht fortwährend? Und rückwärts, seitwärts, vorwärts, nach allen Seiten? Gibt es noch ein Oben und ein Unten? Irren wir nicht durch ein Unendliches Nichts? Haucht uns nicht der leere Raum an? Ist es nicht kälter geworden?» *

Wir haben im wahrsten Sinne des Wortes den Boden unter den Füßen verloren. Denn unsere Gesellschaft wird von einer technisch orientierten Vernunft beherrscht, die alles Überlieferte durch Neues ersetzen will. Altes gilt als wertlos, Neues prinzipiell als gut und fortschrittlich. Wir leben wie auf einem Zeitpfeil und rasen einer imaginierten Zukunft entgegen. Der Verlust des Gespürs für den Raum wie auch für den gegenwärtigen Moment sind Merkmale modernen Lebens. Wenn wir uns intensiv auf den Leib einlassen, dann verankern wir das Leben wieder in der Gegenwart und in den Atmosphären des Raumes.

Bevor wir aber den Begriff *Leib* überhaupt verstehen können, muss der Leib selber der Sprache zugänglich gemacht werden. Die Leibphilosophie wird somit zu einer Entdeckungsreise zu unserer unmittelbaren Wirklichkeit. Wir glauben zwar als aufgeklärte Menschen, wir seien mit der Wirklichkeit bestens vertraut. Aber ausgerechnet das unmittelbare in-der-Welt-Sein ist uns bei genauer Betrachtung

---

* Friedrich Nietzsche, *Die fröhliche Wissenschaft*, München: dtv/de Gruyter 1988, S. 481

erstaunlich fremd. Kein Wunder: Die Orientierung in der Welt erfolgt heute zunehmend mit Hilfe technischer Systeme, wodurch Entfremdungsphänomene weiter verstärkt werden. Das Unmittelbare kann uns deshalb fremder erscheinen, als komplizierte Theorien oder Maschinen. Insbesondere digitale Geräte werden von manchen Menschen schon als Teil des eigenen Selbst erlebt. Weltfremdheit war früher ein Vorrecht der Philosophen, heute haben wir alle ein Recht darauf. Eine bekannte philosophische Anekdote berichtet von einer Frau aus dem Volk, die den griechischen Philosophen Thales auslachte, der versunken zu den Sternen schaute und deshalb in einen Brunnen fiel. Heute lachen wir den Durchschnittsbürger aus, der sich von seinem Navigationssystem in die Berge bringen lässt, obwohl er eigentlich ans Meer wollte.

Ein großer Vorteil der Leibphilosophie besteht darin, dass sie mit weniger Abstraktionen auskommt als herkömmliche Philosophie. Denn ihr Ziel besteht zunächst darin, das unmittelbar Gespürte zu beschreiben. Sie vermeidet so weit wie möglich Allgemeinheiten, um den Blick für die Wirklichkeit zu schärfen. Verallgemeinernde Begriffe haben in der Geschichte riesige Schäden angerichtet, am deutlichsten sichtbar in jedem Krieg. Kein Soldat darf sich jeden seiner Gegner einzeln anschauen, um dann zu entscheiden, ob er ihn überhaupt bekämpfen möchte. Wie wir wissen, muss er einer bestimmten Ideologie folgen. Nach dieser wird er allen Menschen einer bestimmten Gruppe die gleichen negativen Eigenschaften zuschreiben. Aber in unserem Alltag ist es ähnlich, wenn auch die Folgen nicht so furchtbar sind. So benutzen wir bedenkenlos den Allgemeinbegriff *Menschheit*, obwohl wir oft nicht einmal unsere Nachbarn gut kennen. Es ist aus philosophischer Sicht grundsätzlich ratsam, Sprache so konkret wie möglich zu gebrauchen. Begriffe wie *Seele*, *Selbst* und *Ich* stammen aus einem bestimmten wissenschaftlichen und historischen Kontext. Kein Mensch hat bisher eine Seele gesehen und wer ernsthaft wissen will, was das *Ich* sein könnte, der muss ganze Bibliotheken wissenschaftlicher Literatur studieren. Nach dem Studium hat man aber nur Bekanntschaft mit theoretischen Konzepten gemacht, nicht mit der unmittelbaren Wirklichkeit. Sprache ist immer verallgemeinernd und jeder Begriff hat seine ganz eigene Geschichte. Trotzdem hält man abstrakte Theorien und begriffliches Denken schon lange für bedeutender, als jede unmittelbare Erfahrung. Der Philosoph Georg Wilhelm Friedrich Hegel (1770–1831) hat sogar behauptet, dass Denken und Sein identisch seien. Wer noch unmittelbare Erfahrungen mit sich und der Welt zu machen glaubt, wird durch solche Theorien zum Kind oder zum Wilden degradiert. Es ist daher kein Wunder, dass es im 20. Jahrhundert fast unbeholfener erster Schritte bedurfte, um den Menschen wieder mit sich selber in Kontakt zu bringen. In vielen Körperpraktiken ging es darum, sich überhaupt wieder zu spüren und in Kontakt mit sich selber zu kommen. Feldenkrais- und Yogaübungen waren damals Formen Erster Hilfe für die entfremdeten Menschen der Industriegesellschaften.

Menschen, die dem Leben entfremdet sind, klammern sich oft an Besitz und Macht. Je weniger ein Mensch lebt, desto wichtiger wird für ihn die Welt der Dinge und das Streben nach materiellem Reichtum. Erich Fromm hat aus diesem Grund zwei grundlegende Existenzweisen unterschieden: Die des Habens und die des Seins. Wer sich ganz vom Leben und damit vom Sein abwende, dem bescheinigt Fromm sogar einen nekrophilen Charakter. Allerdings meint *nekrophil* hier nicht die bekannte Perversion, sondern eine verbreitete Haltung dem Leben gegenüber. Fromm beschreibt den nekrophilen Charakter so:

«Er wendet sein Interesse ab vom Leben, von den Menschen, von der Natur und den Ideen – kurz, von allem, was lebendig ist; er verwandelt alles Leben in Dinge, einschließlich seiner selbst und der Manifestation seiner menschlichen Fähigkeiten, der Vernunft, des Sehens, des Hörens, des Fühlens und Liebens. Die Sexualität wird zu einer technischen Fertigkeit (zur Liebesmaschine); die Gefühle werden verflacht und manchmal durch Sentimentalität ersetzt... Die Welt wird zu einer Summe lebloser Artefakte...» [*]

Man kann sagen: Der nekrophile Mensch erlebt sich selber als ein Ding unter Dingen. Dem nekrophilen Menschen stellt Fromm den biophilen Menschen gegenüber. Dieser am Sein orientierte Mensch ist spontan und lebendig, er will wachsen und sein Leben als Mensch verwirklichen. Sein Verhältnis zur Welt ist nicht einseitig auf Naturbeherrschung und Zerstörung ausgerichtet, sondern auf eine lebendige Beziehung zu ihr. Diese beiden Begriffe sollten wir im Hinterkopf behalten, denn der Leib ist untrennbar mit unserem Sein verbunden. Wer sich dem Leib zuwendet, wendet sich auch dem Leben zu.

---

[*] Erich Fromm, *Anatomie der menschlichen Destruktivität*, Stuttgart: DVA 1974, S. 318

Wer leben will, muss spüren

Unser eigener Leib ist uns so fremd wie eine Märchenwelt. Es fehlen uns sogar die Worte, ihn überhaupt angemessen zu beschreiben. Diese wirklich erstaunliche Beobachtung hat Hermann Schmitz gemacht. Deshalb begann er, den Leib systematisch zu erkunden. Zunächst mag die Behauptung von Schmitz falsch erscheinen, denn der menschliche Körper ist doch bestens erforscht. Und warum soll man überhaupt den alten Begriff Leib verwenden? Der Begriff Leib war tatsächlich aus der Mode gekommen. Leib meint in der Leibphilosophie aber nicht das gleiche wie Körper. Seit der Antike bemühen sich Wissenschaftler, den Körper zu analysieren und seine Funktionsweise zu verstehen. Denn unser Körper ist als materieller Gegenstand so einfach zugänglich wie jeder andere Gegenstand auch.

Im Gegensatz zum materiellen Körper kann aber das innere Erleben des einzelnen Menschen nicht derart von außen erforscht und vermessen werden. Was wir spüren, fühlen oder denken ist keinem Wissenschaftler so direkt zugänglich wie unser Körper. Für die Selbsterfahrung des Menschen ist deshalb genau genommen überhaupt keine Wissenschaft zuständig. Eigentlich wäre es natürlich der Aufgabenbereich der Psychologie. Doch die Psychologie arbeitet heute ganz überwiegend mit den Methoden der Naturwissenschaften. Und diese beschäftigen sich nur mit dem, was von außen zugänglich und zusätzlich messbar und zählbar ist. Lange Zeit war deshalb die Anatomie die wichtigste Quelle des medizinischen Wissens, aber nicht das Gespräch mit Menschen über ihr persönliches Befinden. Die Anatomen zerschnitten vor allem Leichen, um etwas über den menschlichen Körper zu lernen. So wurde häufig nur ein Körper erforscht, aus dem das Leben längst entwichen war. Leibphilosophie dagegen beschäftigt sich nur mit dem lebendigen Menschen, der Leib selber ist immer etwas Lebendiges. Ist die Leibphilosophie also ganz einfach eine materialistische Theorie? Nein, denn sie beschreibt zunächst nur die menschliche Selbsterfahrung. Der *Materialismus* hingegen stellt bereits eine Interpretation der Welt dar, die über die Selbsterfahrung hinausgeht.

Ich möchte aber betonen, dass es hier nicht um den Astralleib oder ähnliche Vorstellungen geht. Es ist nicht das Ziel, unserer ohnehin komplizierten Wirklichkeit noch eine andere Wirklichkeit hinzuzudichten. Es geht zunächst nur darum, die erlebte Wirklichkeit möglichst genau zu beschreiben und – ganz wichtig – zu erspüren. Wir *haben* Bücher, eine Uhr und auch einen Körper; wir *sind* hingegen traurig, müde oder hungrig. Zu unserem Körper stehen wir meistens in einem Besitzverhältnis, hingegen ist der Leib uns nur durch unmittelbares Erleben und Spüren zugänglich. Den Leib als Besitz zu behandeln hätte keinen Sinn, da er nicht greifbar und instrumentalisierbar ist wie der Körper. Wir sehen: Die Unterscheidung zwischen Körper und Leib scheint sinnvoll zu sein, da so der *spürbare* Unterschied auch sprachlich zum Ausdruck kommt. Denn es ist wirklich fragwürdig, überhaupt einen Unterschied zwischen Körper und Leib zu machen, schließlich haben wir nur einen einzigen Körper. Man könnte natürlich auch den Begriff Körper in ein Innen und ein Außen unterteilen. Denn ich erlebe meinen Körper von innen her, andere sehen ihn nur von außen. Sich damit zu begnügen wäre zwar auch möglich. Aber was ein Körper ist, hat sich tief in unser Bewusstsein eingegraben. Genau dieses Bewusstsein soll ja aufgebrochen und hinterfragt werden. Der Körper, wie er in der Medizin beschrieben wird, ist immer eine Abstraktion vom individuell erlebten Körper. Das lässt sich relativ einfach beweisen: Es wurde ja niemals unser individueller Körper exakt vermessen, und trotzdem sollen die Informationen in Lehrbüchern der Medizin auch auf uns zutreffen. Wie ist das überhaupt möglich? Durch Verallgemeinerung und durch den Gebrauch von Durchschnittswerten. Diese werden dann auf unseren individuellen Körper übertragen. Mit dem Leib ist derartiges nicht möglich.

Der Körper ist aus der Sicht der Naturwissenschaft ein Ding, welches man wiegen und messen kann. Den Leib hingegen kann man weder messen noch wiegen. Nehmen wir als Beispiel den Hunger. Wenn ich hungrig bin, dann spüre ich den Hunger. Und nur *ich* spüre *meinen* Hunger. Menschen in meiner Umgebung können meinen Hunger überhaupt nicht wahrnehmen. Auch lässt sich Hunger nicht messen oder irgendwie quantifizieren. Weder ein Mediziner noch ich selber kann meinen Hunger als mathematische Größe darstellen. Hunger und Durst sind leibliche Phänomene, am Körper kommen sie unmittelbar überhaupt nicht vor. An diesem sind nach einiger Zeit allenfalls die Folgen von Hunger und Durst sichtbar, aber niemals diese Phänomene selber. Das gleiche gilt für Schmerzen. Ich kann furchtbare Schmerzen haben, von denen meine Umwelt überhaupt nichts mitbekommt. Ich könnte natürlich laut schreien, um die Umwelt auf meine Schmerzen aufmerksam zu machen. Dann hören die Menschen in meiner Umgebung mich zwar schreien, aber ich könnte ja auch ein guter Schauspieler sein und die Schmerzen nur vortäuschen. Denn wie Hunger und Durst, so sind auch meine Schmerzen nur mir zugänglich. Ein sehr einleuchtendes Beispiel für den Unterschied zwischen Körper und Leib ist übrigens das Phantomglied. Menschen, denen etwa ein Arm amputiert wurde, spüren diesen Arm oft weiterhin. Es wurde versucht, solche Phantomglieder als Illusion abzutun. In ein rein naturwissenschaftliches Weltbild lässt sich das Phantomglied eben schwer integrieren. Aus Sicht der Leibphilosophie kann man aber davon ausgehen, dass zwar dem Körper ein Arm fehlt, aber nicht zwangsläufig auch dem Leib. Mit welchem Recht soll man Menschen auch etwas absprechen, das sie selber eindeutig spüren? Hermann Schmitz protestiert jedenfalls dagegen:

> «Wer dem Phantomglied die Realität abspricht, weil niemand
> außer dem Amputierten davon Kunde geben kann, müsste mit
> gleichem Recht die Realität von Kopf- und Bauchschmerzen
> bestreiten.» *

Damit ist auch ein weiteres Merkmal des Leibes genannt: er ist unsichtbar. Das mag zunächst sehr eigenartig oder esoterisch klingen. Das liegt aber daran, dass wir in einer visuellen Kultur leben. Der Leib ist ebenso unsichtbar wie Geräusche, Gerüche oder eben Hunger, deren Existenz wohl niemand bestreiten wird.

Unseren Leib *spüren* wir. Oder genauer: Wir spüren immer irgendetwas von uns, und der Ort dieses Spürens ist der Leib. Doch für den gespürten Leib gibt es aus wissenschaftlicher Sicht bislang keinen Ort. Die Naturwissenschaften kennen unsere Sinnesorgane und natürlich die Gefühle, die unserem Gehirn zugeordnet werden. Aber der gespürte Leib kommt im Weltbild strenger Wissenschaft nicht vor. Im Gegensatz zum Leib ist unser Körper ein Stück Materie im Raum, ein Ding unter Dingen. Unser Körper, ein Gegenstand im Raum: Wenn man darüber länger nachdenkt, kann einem schwindelig werden. Denn als Teil der materiellen Welt sind wir verletzlich und ihr oft schutzlos ausgeliefert. Außerdem wollen wir als

---

* Hermann Schmitz, *Der Leib*, Berlin/Boston: de Gruyter 2011, S. 9

menschliche Individuen nicht auf einen materiellen Gegenstand reduziert werden wie ein Möbelstück. Ganz zu Recht, denn wir *spüren*, dass wir mehr als ein Sofa oder eine Lampe sind.

Unser Leib ist also nur uns selber zugänglich, wie wir schon am Hunger und am Schmerz gesehen haben. Er ist damit der Ort unseres subjektiven Daseins, was noch ziemlich abstrakt klingt. Konkret bedeutet das aber, in jedem Augenblick unseres bewussten Daseins ganz und gar an diesen Leib gebunden zu sein. Wir kommen solange wir leben nicht von unserem Leib los. Philosophen haben den Menschen in Körper und Geist getrennt. Leider mit Erfolg, denn wir leben heute im Kopf und suchen sogar das Glück im Gehirn. Doch nur wer sich spürt, kann human und erfüllt leben. Deshalb sollten wir uns auf den gespürten Leib einlassen. Wir können den Wohnort wechseln so oft wir wollen, ebenso unsere Lebenspartnerinnen und auch unseren Job, aber niemals unseren Leib. Selbst auf dem Mond wäre der Leib unser treuester Begleiter. Von unserem Leib können wir uns nur um den Preis des eigenen Lebens trennen. Solange wir leben, sind wir leiblich in der Welt.

Neuland:
Eine Reise durch den Leib

Jetzt ist hoffentlich schon etwas deutlicher geworden, dass es einen Unterschied zwischen dem eigenen Erleben und der materiellen Ebene des Körpers gibt. Aber es ist noch immer unklar, *wie* genau wir unseren Leib erleben. Deshalb wollen wir auf den folgenden Seiten eine Reise durch den Leib unternehmen. Diese Reise führt uns deutlich vor Augen, dass unser Leib uns tatsächlich fremd ist. Ich hoffe jedenfalls, dass Sie nach dieser Reise nicht mehr glauben, die Rede von Körper und Leib sei nur das Hirngespinst einiger Philosophen.

Beginnen wir unsere Reise an einem warmen Sommertag irgendwo im Grünen. Wir sitzen in der Sonne und lesen ein Buch, das uns fesselt. Nichts stört uns, wir fühlen uns wohl und könnten noch lange so sitzen. Doch plötzlich landet ein Insekt auf unserem Rücken. Wir schrecken vom Buch auf und unsere Hand bewegt sich schnell zum Rücken, um das Insekt von dort zu verscheuchen. Diesen Vorgang könnte man so beschreiben: Das unverschämte Tier hat ein paar Nerven am Rücken aktiviert. Da Nerven auch an schönen Sommertagen arbeiten, haben sie dem Gehirn sofort ein Signal gesendet, welches unsere Reaktion veranlasst hat. Diese Erklärung wäre nicht grundsätzlich falsch, doch ist sie nur eine Rekonstruktion auf der Ebene des reinen Wissens. Denn auch ein ungebildeter Mensch, der weder etwas über Nerven noch etwas über das Gehirn weiß, hätte die Situation ebenso erlebt wie wir. Unser Wissen ermöglicht uns eine Distanzierung und folglich eine derart abstrakte Erklärung. Aber was haben wir selber unmittelbar erlebt in diesem

Augenblick? Kontrollieren wir ständig unseren Rücken und den restlichen Körper auf mögliche Unstimmigkeiten? Das ist nicht der Fall, denn wir waren ja in das Buch vertieft und genossen die Wärme des schönen Sommertages. Wir waren ganz versunken, unser Leib lieferte uns im Hintergrund das angenehme Gefühl der sommerlichen Wärme. Für unseren Rücken interessierten wir uns in diesem Augenblick überhaupt nicht. Bis das Insekt dort landete. Ab diesem Moment spüren wir unseren Leib nicht mehr bloß als angenehme Wärme im Hintergrund. Denn plötzlich hat sich ein Teil von ihm in den Vordergrund gedrängt. Es ist ein Bereich an unserem Leib aufgetaucht, der vorher gar nicht spürbar war. Bislang war unser Leib wie das Meer bei Windstille, jetzt taucht plötzlich eine Insel in ihm auf. Diese Insel ist im Bereich des Rückens ziemlich genau lokalisierbar. Das ist in der Sprache der Neuen Phänomenologie eine gespürte *Leibesinsel*. Wir spüren an uns selber den ganzen Tag über solche Leibesinseln. Sie mögen jetzt einwenden, dass Sie doch immer den ganzen Körper spüren und nicht irgendwelche Inseln. Übungen in ruhiger Atmosphäre werden Sie überzeugen, dass es diese gespürten Inseln wirklich gibt. So kann es sein, dass man beim Gehen zwar die Füße spürt, die Beine hingegen kaum. Oder man kann die Augen schließen und einen Menschen auffordern, einen mehrmals an unterschiedlichen Stellen des Körpers zu berühren. Dann tauchen an den berührten Stellen tatsächlich solche Leibesinseln auf. Unser Leib ist nicht permanent vollständig präsent, wie wir gemeinhin glauben. Vielmehr hat er eine dynamische Struktur, es tauchen ständig Leibesinseln auf und verschwinden dann wieder. Einige Leibesinseln sind dauerhaft präsent, andere tauchen nur sehr selten auf. Der Bereich des Mundes ist fast durchgehend als Leibesinsel präsent, der Rest des Kopfes ist erstaunlich wenig im Vordergrund. Denn es wäre ja zu erwarten, dass der Bereich des Gehirns ständig als Leibesinsel präsent ist. Aber ausgerechnet das Gehirn ist unserer Selbsterfahrung überhaupt nicht zugänglich. *Ohne Gehirn kein Denken und Vorstellen* – das ist richtig. Aber damit ist nicht gesagt, dass das Gehirn sich selber denkend erlebt. Wenn aber, wie heute üblich, sogar unser gesamtes Erleben dem Gehirn zugeordnet wird, dann wird es abenteuerlich. Wenn ich das glaube, muss ich mir *vorstellen*, dass ich mich im Gehirn erlebe. Wo aber genau diese Vorstellung stattfindet, kann ich überhaupt nicht erspüren, da mir mein Gehirn nicht in Selbsterfahrung gegeben ist. Das Herz ist dem Menschen hingegen durch Selbsterfahrung zugänglich. Das setzt aber voraus, dass er es nicht, wie im Märchen, durch ein kaltes Herz des Geldmenschen ersetzt hat.

Neben einzelnen Leibesinseln muss es aber auch so etwas wie ein Gefühl von Zusammenhang geben. Tatsächlich spüren wir uns selber nicht nur in Form solcher Inseln, sondern es gibt stets eine leibliche Grundstimmung. Es ist aber gar nicht so einfach, diese Grundstimmung zu beschreiben, da sie nicht so abgegrenzt wahrnehmbar ist, wie die Leibesinseln. Müdigkeit wäre ein Beispiel für eine solche Grundstimmung, denn Müdigkeit spüren wir nicht nur konzentriert an einer Stelle wie das Insekt, sondern diffus im ganzen Leib. Müde oder fröhlich sind wir immer als ganzer Mensch. Ebenso verhält es sich bei extremer Niedergeschlagenheit. Man kann nicht halb deprimiert und halb euphorisch sein, jedenfalls hat bislang niemand von solchen Erfahrungen berichtet.

Die meisten Menschen gehen davon aus, dass wir nur durch die fünf Sinnesorgane überhaupt etwas wahrnehmen können. Das gelandete Insekt müsste man demnach auf den Tastsinn zurückführen, denn es ist ja auf unserer Haut gelandet. Damit ist aber noch nichts darüber gesagt *wie* wir diese Situation erlebt haben. Wir haben keinen unmittelbaren Zugang zu unseren Nerven. Den Vorgang mittels

Begriffen wie Haut oder Nervenbahnen zu beschreiben bedingt eine Distanzierung von unserem unmittelbaren Erleben. Die Beschreibung mittels wissenschaftlicher Begriffe ist daher nicht identisch mit dem Erlebten selber. Es ist ein Wissen über das Erlebte. Dieses Wissen ist zwar auf einer bestimmten Ebene richtig und zutreffend, aber die Erfahrung selber spielt sich auf einer anderen Ebene ab. Das ist die Ebene des Leibes, die jeder Beschreibung durch Worte vorausgeht. Das leibliche Spüren wird leider seit Jahrtausenden verdrängt, weshalb wir uns ganz selbstverständlich mit unserem begrifflichen Wissen identifizieren. Aus diesem Grund müssen wir heute nach neuen Worten suchen, um unser inneres Erleben überhaupt beschreiben zu können. Unser Leib ist uns tatsächlich fremd wie eine Märchenwelt.

Neben der Erfahrung von Lebendigkeit und Lebensfreude gibt es natürlich auch die negativen leiblichen Erfahrungen. Das sind vor allem Schmerzen in allen Formen und Schattierungen. Gerade Schmerzen sind aber sehr gut geeignet, den Leib wieder intensiv zu spüren. Schmerzen erinnern uns daran, dass wir keine freischwebenden Geister sind, sondern Lebewesen innerhalb einer umfassenden Natur. Der Schmerz hat in der Leibphilosophie deshalb eine wichtige Funktion, wie wir später noch sehen werden. Setzen wir unsere Reise durch den Leib fort. Wir wechseln vom Garten an den Schreibtisch. Sie arbeiten schon viel zu lange ohne eine Pause am Computer, es machen sich deshalb leichte Kopfschmerzen bemerkbar. Sie spüren also eine Leibesinsel im Bereich des Kopfes. Aber zunächst sind es nur leichte Schmerzen, die Sie noch nicht vom Arbeiten abhalten können. Aber der Schmerz ist im Hintergrund dauernd präsent. Sie unternehmen nichts dagegen, daher nehmen die Schmerzen nach und nach zu. Es fällt Ihnen immer schwerer, sich auf die Arbeit zu konzentrieren. Nach einiger Zeit erreichen die

Kopfschmerzen eine Intensität, die konzentrierte Arbeit unmöglich macht. Die Schmerzen sind jetzt derart intensiv, dass der Leib nur noch aus diesen Schmerzen besteht. Es wird undenkbar, irgendetwas zu genießen, da die Schmerzen jetzt das gesamte Erleben dominieren. Dies wäre eine der intensivsten leiblichen Erfahrungen, die wir überhaupt machen können. Die Leibesinsel im Bereich des Kopfes dominiert in so einer extremen Schmerzsituation das gesamte Dasein. Die Welt da draußen geht uns in einer solchen Lage nichts mehr an, denn die Welt ist jetzt identisch mit den Schmerzen. Unser gesamtes Erleben ist damit auf einen abgegrenzten Bereich reduziert. Der Schmerz erzeugt eine *Enge*, aus der es zunächst kein Entkommen gibt. Es ist in einer solchen Situation unmöglich, die Welt noch in ihrer ganzen *Weite* zu erfahren, denn der Schmerz kettet uns an einen eng abgegrenzten Bereich im Raum. Die Begriffe *Enge* und *Weite* wurden von Hermann Schmitz in die Leibphilosophie eingeführt. Diese Enge folgt uns, wohin wir auch gehen mögen. Was geschieht nun aber, wenn die Schmerzen nachlassen? Nach und nach werden wir dann aus der Enge entlassen und gleiten langsam zurück in eine gespürte Weite. Wir können jetzt die Umwelt wieder differenziert wahrnehmen. Der schmerzfreie Leib ist wieder vergleichbar mit dem ruhigen Meer, denn die alles beherrschende Schmerzinsel ist wieder versunken. Vergleichbar mit dem Schmerz sind auf der leiblichen Ebene Angst und Scham. Auch sie können uns in eine gespürte Enge treiben, aus der es kein Entkommen gibt, solange Angst oder Scham uns dominieren.

Die meisten Menschen sind bestrebt, die Erfahrung von Schmerz, Angst und Scham zu vermeiden. Wenn sich solche Zustände trotzdem einstellen, versuchen wir sie möglichst sofort loszuwerden. So schnell wie möglich wird deshalb der Schmerz mit Medikamenten bekämpft. Tatsächlich ist der Schmerz aber eine existenzielle Erfahrung, aus der wir sehr viel über uns lernen können. Denn unser gesamtes Dasein spielt sich leiblich zwischen den Polen der Enge und Weite ab. Am Beispiel des Schmerzes haben wir jetzt gelernt, dass die Weite offensichtlich der attraktivere leibliche Zustand ist. Doch ein Leben in ständiger Weite würde seine Spannung verlieren und damit uninteressant werden. *Alles in der Welt lässt sich ertragen, nur nicht eine Reihe von schönen Tagen,* dichtete Goethe wohl aus diesem Grund. Erstrebenswert ist ein solches Verharren in reiner Weite allenfalls für Menschen, die ihre Aufmerksamkeit besonders geschult haben, etwa durch Meditation. Sie sind nicht selbstvergessen oder entrückt, wie man gemeinhin glaubt. Vielmehr verharren diese Menschen sehr aufmerksam in einer gespürten Weite. Das Leben in einer bewusstlosen Weite hingegen setzt uns der Gefahr aus, den Kontakt zum Leib und damit zu uns selber mehr und mehr zu verlieren. Das könnte gemeint sein, wenn Menschen davon sprechen, sie wüssten gar nicht, wo die vergangene Zeit geblieben sei. Andere haben gar am Ende des Lebens das Gefühl, noch gar nicht richtig gelebt zu haben. Das sind aber typisch moderne Erfahrungen. Der Soziologe Max Weber (1864–1920) hat für dieses Phänomen eine schlüssige Erklärung: Früher starb ein Mensch lebensgesättigt. Der moderne Mensch hingegen könne allenfalls lebensmüde werden, da sich in seinem Leben kein Sinn erfülle, sondern er nur noch Beobachter eines ständigen Fortschrittsprozesses sei. Diese erschreckende Beobachtung machte Weber vor über hundert Jahren! Das moderne Leben mit seiner Tendenz zur äußeren Beschleunigung und inneren Ruhigstellung führt zum Verlust jener Spannung, die dem Leben seinen Sinn verleiht. Wer irgendwann einmal lebensgesättigt sein will, muss sich zuvor auf sein Leben und damit auf den Leib eingelassen haben. Doch wer sich auf das Leben einlässt, der läuft eben auch Gefahr, viele schmerzhafte Erfahrungen zu machen. Wir sind heute aber bestrebt, uns möglichst gegen jede Form des Schicksals abzuschirmen und abzusichern. Alles soll so sicher und versichert wie möglich sein.

Unsere Reise durch den Leib endet nach einem langen Tag im Bett. Guter und erholsamer Schlaf ist in der technischen Zivilisation leider keine Selbstverständlichkeit mehr. Schon das Einschlafen setzt etwas voraus, das dem modernen Selbstverständnis widerspricht: Wir müssen uns etwas anvertrauen, das wir nicht kontrollieren können. Im Idealfall ist das Einschlafen ein sanftes Gleiten in eine gespürte Weite, bis wir schließlich das Bewusstsein verlieren. Der Schlaf kann deshalb auch als eine Form von Regression verstanden werden. Wir müssen uns vorübergehend von unserem Ich verabschieden, an dem doch unser ganzes Leben zu hängen scheint. Da wir moderne Menschen nur noch taghelle Tatsachen gelten lassen, ist der Schlaf eigentlich eine Zumutung. Da wir aber genau wissen, dass er lebenswichtig ist, erklären wir ihn zu einer möglichst kurzen Phase der Erholung. Nicht weil es schön ist einzuschlafen und am Morgen frisch aufzuwachen legen wir uns in ein Bett, sondern um unsere Batterien zu laden. An der Müdigkeit selber lässt sich aber wunderbar die Abhängigkeit von unserem Leib demonstrieren. Leichte Müdigkeit lässt sich noch überspielen oder mit Drogen bekämpfen, aber es kommt irgendwann ein Punkt, an dem der Leib selbsttätig in Schlaf fallen wird. Auf die totale Müdigkeit folgt entweder der Schlaf oder der Tod. Auch den Schlaf sollten wir also ernst nehmen, da wir ihm indirekt immerhin unser Leben verdanken.

Eine bedeutende Einsicht können wir jetzt festhalten: Unser Leben erhält seine Spannung nicht durch eine endlose Abfolge positiver Erlebnisse, sondern durch den Kontrast von positiven und negativen Erlebnissen. Wer sich positive Erlebnisse wünscht, der muss auch die negativen mit einkalkulieren. Auf einen Glücksrausch kann die Ernüchterung folgen und eine große Hoffnung kann furchtbar enttäuscht werden. Und schließlich wäre ein Dasein ohne Höhen und Tiefen, ohne Trauer und Freude kein richtiges Leben mehr. Wie aber erlernt man eine derartige Haltung? Nur durch Übung, und nicht allein durch Nachdenken und Verstehen. Denn ohne Übung werden wir schnell in die erlernten Muster zurückfallen, und den Leib wieder vergessen. Solche Einübung ist die Grundlage der leiblichen Lebenskunst.

Fester Boden unter den Füßen:
Die leibliche Identität

Der Begriff Identität hat in modernen Gesellschaften immer Hochkonjunktur, was uns nicht überraschen sollte. Wir modernen Menschen sind eben entfremdet und entwurzelt. Oberflächlich glauben wir zwar meistens zu wissen, wer wir sind. Aber die meisten Menschen spüren eine tiefe Unsicherheit in Bezug auf ihre Identität. Erinnern wir uns an Friedrich Nietzsches Frage, ob es überhaupt noch ein Oben und ein Unten gibt oder ob wir nicht alle im Nichts herumirren. Diese Orientierungslosigkeit ist eine Grunderfahrung vieler erwachsener Menschen in modernen Gesellschaften. Ganz anders sieht es bei Kindern aus. Kinder fragen selten nach ihrer Identität, denn sie spüren diese einfach noch. Sie erleben und entdecken ihre Umwelt spielerisch, das Neue ist für sie keine Bedrohung, weswegen sie sich weniger abgrenzen und einschließen müssen als Erwachsene. Ein Kind spürt seinen Ort in der Welt, wenngleich es diesen Ort intellektuell nicht genau beschreiben kann. Erwachsene können dagegen zwar genau erklären, wer sie angeblich sind: Frau, Mann, Franzose, Christ, Europäer. Doch unbewusst sind viele Menschen ständig auf der Suche nach einer besseren Identität.

Der Begriff Identität stammt von lateinisch *idem* und bedeutet *dasselbe*. Identität meint also die Übereinstimmung mit sich selber. Womit wir übereinstimmen sollen oder wollen, darüber kann man natürlich lange diskutieren. Allerdings sind alle Identitätskonzepte nur ein Spiegel bestimmter Bedürfnisse, über die wir uns in der Regel nicht unmittelbar bewusst sind. Aber der Wunsch nach einer festen Identität hat immer etwas mit unserer Leiblichkeit zu tun, denn wir wollen ja spüren wer wir sind, und es nicht bloß wissen.

Oft ist die Rede davon, dass wir in der Postmoderne und besonders im Internetzeitalter ein Dutzend Identitäten annehmen können. Das klingt gut und die Wirklichkeit scheint es zu bestätigen. Aber so neu ist auch das nicht. Modernes Leben setzt die Fähigkeit voraus, sich von sich selber zu distanzieren, und mehrere Identitäten anzunehmen. Wir würden viele Bilder und Nachrichten gar nicht aushalten, wenn wir stets unmittelbar betroffen wären. Der ganze Bereich der Forschung und Technikentwicklung, in dem viele Menschen beschäftigt sind, ist mittlerweile derart arbeitsteilig, dass man oft nicht wissen kann, ob die Resultate der Arbeit einmal der Heilung von Krankheiten dienen werden oder dazu, Menschen zu töten. Und als Konsumenten sind wir heute in unmoralische Handlungen verwickelt, die wir als Menschen eigentlich nicht wollen können. Im Privatleben haben viele Menschen wesentlich höhere moralische Standards, als im Berufsleben oder als Konsumenten. Modernes Leben schafft moralische Verunsicherung – und damit Identitätsprobleme: Kann *ich* das wirklich wollen?

Das tägliche Leben zu meistern, beruht eben auf unserer Fähigkeit, emotional auf Distanz zu gehen. Das wiederum fördert Gefühle der Entfremdung und Sinnlosigkeit, denn je weniger wir uns verbunden und involviert fühlen, desto mehr verliert das Leben an Intensität. Wer nicht völlig narzisstisch veranlagt ist, der möchte nicht in einer anonymen Welt irgendwie existieren, sondern sich der Welt emotional verbunden fühlen. Erfolgreiche Magazine, die das harmonische Landleben versprechen, sind ein deutlicher Hinweis auf dieses Bedürfnis. Kaum jemand wohnt gerne neben Auto- oder Tierfabriken, auch wenn das eigentlich die Zentren unserer Kultur sind.

Wenden wir uns der Frage zu, wie Leib und Identität genau zusammenhängen. Was heute gemeinhin als Identität bezeichnet wird, hat oft einen phantastischen Charakter. Wenn wir versuchen zu verstehen, warum wir überhaupt nach Identitäten streben, können wir vielleicht auch gelassener mit dem Thema umgehen. Eine grundlegende menschliche Erfahrung ist die des Getrenntseins. Wir können uns von der Umwelt, den Mitmenschen und auch uns selber als getrennt erleben. Wären wir stets vollkommen eins mit der Welt, dann käme die Frage nach der Identität überhaupt nicht auf. Das ist die Grundkonstellation unseres Verhältnisses zur Welt: Wir erleben uns als vereinzelte Wesen, die in der Welt leben, aber doch von der Welt getrennt sind. Der Wunsch, diese schmerzliche Trennung zu überwinden, hat Menschen bekanntlich zu Experimenten aller Art veranlasst. Das Eins-Sein mit der Welt gilt noch heute vielen Menschen als das große Ziel religiöser Praktiken. Dauerhaft aufzuheben ist die Trennung von der Welt aber nicht. Denn sobald wir *ich* sagen, erheben wir geradezu Anspruch darauf, als Einzelwesen wahrgenommen zu werden. Es kann also nur darum gehen, uns verbundener und weniger entfremdet zu fühlen – alles andere wären vorübergehende Zustände, die mit dem Alltag nicht kompatibel sind.

Durch den Leib sind wir viel stärker mit der Welt verbunden, als wir in unserer kopflastigen Kultur glauben. Man kann sogar vorsichtig von einer *absoluten leiblichen Identität* sprechen. Allerdings möchte ich gleich anmerken, dass diese Identität als Grundlage einer Ideologie völlig ungeeignet ist. Ihren Ursprung hat diese absolute Identität in der Tatsache, dass wir tatsächlich selber unser Leib sind. Wie wir schon gesehen haben, ist unser Leib kein Besitz, den wir nach Belieben austauschen oder verlieren können. Auch muss leibliches Dasein in seinen Grundformen nicht intellektuell erlernt werden.

Es gibt Menschen, die ihre religiöse Identität wechseln, andere entdecken irgendwann im Leben den Nationalismus als identitätsstiftend. Schon die Tatsache, dass man diese Identitäten offenbar wählen kann, beweist ihren relativen Charakter.

Was unterscheidet nun die leibliche Identität von solchen relativen Identitäten? Wie wir wissen, haben alle Gegenstände um uns herum einen bestimmten Ort im Raum, der sich heutzutage mittels GPS-Daten genau bestimmen lässt. Jeder Gegenstand auf der Erde nimmt einen genau definierten Ort auf der Erdoberfläche ein. Das gilt auch für unseren Körper, da dieser eben auch ein Gegenstand ist. Als solcher hat der Körper nur relative Identität. Beim Leib ist es anders. Dass wir unser Leib sind, ist für uns absolut gewiss, ohne dass es extra bewiesen werden muss. Das lässt sich an einem Beispiel zeigen: Stellen wir uns vor, wir werden von einem Polizisten auf der Straße angehalten. Er möchte unseren Ausweis sehen. Nach einiger Zeit eilt ein anderer Polizist herbei und ruft uns zu: Halt, glaub ihm nicht, er ist kein echter Polizist! Der Schauspieler entfernt sich schnell und der echte Polizist verlangt jetzt unseren Ausweis. Doch da kommt ein anderer Polizist und ruft: Er ist kein echter Polizist... Und so könnte es ewig weitergehen. Wann können wir überhaupt sicher sein, dass wir es mit einem echten Polizisten zu tun haben? Wie das Beispiel zeigt, könnten wir immer an dessen Echtheit zweifeln. Das liegt daran, dass viele Dinge in der Welt nur eine relative Identität haben. Es ist deshalb niemals absolut sicher, dass sie das sind, für was wir sie halten. In der Philosophiegeschichte wurde aus genau diesem Grund die Identität der ganzen Welt angezweifelt. Die Welt könnte ja auch eine Illusion oder nur ein Traum sein. Auf diese Idee des Philosophen René Descartes kommen wir noch zurück. Solche Gedankenexperimente sind überhaupt nur deshalb möglich, weil die Dinge um uns herum eine relative Identität zu haben scheinen. Wäre das nicht der Fall, dann wäre die Philosophie in ihrer heutigen Form überhaupt nicht entstanden. Denn seit Beginn der Neuzeit geht die Philosophie davon aus, dass die ganze Welt tatsächlich eine Illusion sein könnte.

Wie ist es nun aber mit unserem Leib? Woher wissen wir, dass wir wirklich wir selber sind? Es überrascht zunächst, überhaupt von absoluter Identität zu sprechen, denn diese scheint mit einem liberalen und toleranten Weltbild unvereinbar. Eine nicht alltägliche Erfahrung kann verdeutlichen warum die leibliche Identität tatsächlich einen absoluten Charakter hat: Nehmen wir an, ein Mensch ist nicht mehr in der Lage, seinen eigenen Körper von anderen Gegenständen im Raum zu unterscheiden. Er ist also von seinem Körper total entfremdet. Solche Entfremdungserlebnisse kommen durchaus vor. Es würde diesem Menschen nun aber überhaupt nicht helfen, ihm den Ort seines Körpers auf der Erdoberfläche zu beschreiben. Er hat ja seinen Körper überhaupt nicht verloren so wie man einen Schlüssel verliert. Er spürt sich selber einfach nicht mehr. Dass sein Körper physisch noch da ist, hilft ihm in diesem Moment überhaupt nicht weiter. Logische Argumente und das Hinzeigen auf seinen Körper ändern nichts an seinem Zustand. Wir müssen diesen Menschen nicht dazu bringen, sich intellektuell als Ding im Raum wieder zu finden, sondern sich wieder zu *spüren*. Denn wer sich spürt, weiß um seine Identität ohne sie aus einem abstrakten Wissen ableiten zu müssen. Solange wir uns leiblich spüren, ist unsere Identität niemals vollkommen ungewiss. Um es fachgerecht zu sagen: *Solange mir mein Körper eindeutig in Selbsterfahrung gegeben ist, weiß ich, das ich wirklich ich bin.* Schon die Tatsache, dass jemand auf den Ruf seines Namens unmittelbar und ohne Überlegung reagiert, beweist, dass er sich leiblich spürt. Er muss sich nicht erst daran erinnern, dass man ihn vor langer Zeit mal so genannt hat und er immer dann reagieren soll, wenn er diesen Namen hört. Weil wir immer etwas von uns spüren, müssen wir nicht lange überlegen, was zu tun ist, wenn wir angesprochen werden. Vieles in der Welt kann man verwechseln, selbst bekannte Menschen mit anderen Menschen. Sich selber kann man nicht verwechseln, da man mit seinem Leib nicht nur relativ, sondern absolut identisch ist.

Daher gilt: Je mehr ich mich selber spüre, desto klarer wird meine Identität, weshalb ich wiederum weniger Bedarf an konstruierten (und problematischen) Identitäten habe. Umgekehrt gilt: je weniger wir uns spüren, desto empfänglicher werden wir für Ideologien, die uns eine stabile Identität versprechen.

Die Neue Phänomenologie verwendet für Situationen, in denen uns unsere Identität radikal zu Bewusstsein kommt, den Begriff der *primitiven Gegenwart*. Primitiv ist diese Gegenwart deshalb, weil wir in solchen Situationen ganz auf uns zurückgeworfen sind. Wir sind dann in einer Intensität mit uns konfrontiert, die uns alles andere vergessen lässt. Ein Beispiel für die primitive Gegenwart ist ein starkes Schamgefühl. Man fühlt sich vollkommen auf sich zurückgeworfen, wenn man starke Scham empfindet. Die vorher selbstverständliche Verbindung zur alltäglichen Umwelt ist in Situationen großer Scham gekappt und wir sind tatsächlich ganz wir selber, wenn auch auf eine unangenehme Art und Weise. Ähnliches gilt bei starken Schmerzen und Angst, die uns, wie wir schon gesehen haben, in eine gespürte Enge treiben und uns ebenfalls unsere absolute Identität spüren lassen. Schmerzen, Angst und Scham führen nicht nur in die leibliche Enge, sie binden uns auch absolut an das Hier und Jetzt. In solchen Situationen sind wir uns derart selber gegeben, dass wir unmöglich an unserer Identität zweifeln können. Da wir heutzutage bestrebt sind, das Leben möglichst cool zu meistern, gehen wir solchen unangenehmen Situationen aus dem Weg so gut wir können. Wir erleben uns deshalb selber fast nur noch in Diskurszusammenhängen, also auf einer sprachlich vermittelten Ebene. Das bedeutet: Wir bewegen uns bevorzugt in einer *entfalteten Gegenwart* und meiden jede primitive Gegenwart. In der entfalteten Gegenwart haben wir Distanz zu uns selber und können Situationen kühl einschätzen. Es ist natürlich für den Menschen lebenswichtig, dass er nicht permanent seinem Erleben vollkommen ausgesetzt ist, sondern sich von sich selber wie auch von der Welt distanzieren kann. Wenn heute ernsthaft die Frage diskutiert wird, ob Maschinen ein Bewusstsein oder gar Gefühle haben können, dann ist es aber höchste Zeit, an die leibliche Identität des Menschen zu erinnern. Diese leiblich gespürte Identität geht zwar niemals ganz verloren, doch ohne intensive Selbsterfahrungen droht der Verlust eines klaren Bewusstseins davon, was uns von Maschinen unterscheidet.

Um die Beziehung zum eigenen Leib zu festigen, ist es wichtig, von Zeit zu Zeit den Kopf zu verlieren und intensive leibliche Erfahrungen zu machen. Das Ziel besteht darin, zwischen den Polen Distanz und Unmittelbarkeit zu pendeln. Heute überwiegt überall die coole Distanz, weshalb viele Menschen sich selber überlisten müssen, um überhaupt etwas unmittelbar zu erleben. Natürlich wurde die Sehnsucht nach unmittelbaren Erlebnissen in der Geschichte von politischen Gruppierungen und Führern erkannt und ausgenutzt. Denn ein Mittel, zeitweise von seiner Entfremdung erlöst zu werden, ist der kollektive Rausch und das Aufgehen in der Masse. Auf eine heilsame Art und Weise erinnert uns die Leibphilosophie daran, dass unsere Identität nicht auf solche Regressionen angewiesen ist. Wenn wir uns auf unsere Leiblichkeit einlassen, gewinnt unser Dasein sofort an Intensität. Wir spüren dann, wer wir sind. Ob wir unsere Identität intellektuell präzise in Worte fassen können, ist nicht entscheidend. Es ist wie mit dem Sinn des Lebens: Wer diesen spürt, der wird nicht danach fragen.

Die Trennung
des Menschen in
Körper und Seele

Auch Philosophen
können sich irren

Obwohl es unmodern ist, irgendetwas Brauchbares in der Vergangenheit zu vermuten, beschäftigen sich Philosophen noch immer intensiv mit der Geschichte der Philosophie. In den Naturwissenschaften werden dagegen alte Erkenntnisse ganz selbstverständlich durch neue abgelöst. Jede neue Erkenntnis bringt die Menschheit einen Schritt weiter, so der Fortschrittsglaube. Manche Philosophen haben sich diesem Fortschrittsprogramm der Naturwissenschaften angeschlossen und fordern sogar, die Philosophie solle nur noch die Naturwissenschaften unterstützen. Andere sehen darin einen Verrat an der Aufgabe der Philosophie. Diese solle stets daran erinnern, dass die Welt auch menschlicher sein könnte.

Es kann uns doch gleichgültig sein, wie alt bestimmte Gedanken sind. Wenn sie uns überzeugen, spricht nichts dagegen, sie in das moderne Leben zu übernehmen. Ein Biologe der mit hundert Jahre alten Lehrbüchern arbeitet macht sich lächerlich, ein Chirurg, der mit antiken Werkzeugen aus dem Museum am Operationstisch steht, ist ziemlich undenkbar. Philosophen können ihre Vorbilder hingegen frei wählen. Friedrich Nietzsche behauptete zum Beispiel, dass die Weisheit keinen Schritt über Epikur hinausgekommen, oftmals aber weit hinter ihm zurück geblieben sei. Epikur war bekanntlich ein Philosoph der griechischen Antike, Nietzsche schrieb dies gegen Ende des 19. Jahrhunderts. Der Philosoph Karl Jaspers (1883–1969) stellte vor einigen Jahrzehnten fest, dass die Philosophie des 20. Jahrhunderts kaum weiter sei als Platon vor über zweitausend Jahren. Es gibt keinen Konsens darüber, ob die Philosophie seit der Antike etwas Wesentliches erreicht hat oder nicht. Manche halten das für skandalös. Da bemühen sich die angeblich besten Köpfe seit Jahrhunderten um die Wahrheit, kommen aber nicht über ihre antiken Ahnen hinaus. Aber ich denke, die Kritik ist unberechtigt. Man kann die Philosophie eben nicht mit den anderen Wissenschaften vergleichen. Philosophen müssen sich mit dem Nachdenken über die Welt begnügen. Und es ist eben eine Tatsache, dass tausend Jahre alte Theorien uns genauso ansprechen können, wie nagelneue Ideen. Außerdem – und das ist entscheidend – widmet sich die Philosophie den Fragen, die von den Naturwissenschaften prinzipiell nicht beantwortet werden können. Das sind alle Fragen, bei denen es um Wertungen und nicht nur um kalte Fakten geht. Damit sind es immerhin die wichtigsten Fragen des Lebens.

Wir können an die lange Geschichte der Philosophie ganz unterschiedlich herantreten: Gedanken und Weisheiten können uns unmittelbar ansprechen und bei der Orientierung im Leben helfen. Aber wir können die Werke der Philosophen auch kritisch hinterfragen. Die Philosophie galt immerhin für lange Zeit als Königin der Wissenschaften. Als solche hat sie die Welt nachhaltig geprägt. Viele Ideen und Ideologien wurden von Philosophen entwickelt. Man muss leider feststellen, dass sich der Kampf der Philosophen gegen Gefühle und gegen jede Abhängigkeit des Menschen von der Natur wie ein roter Faden durch die Geschichte der Philosophie zieht. Dieser Kampf richtete sich auch gegen den gespürten Leib.

Aus diesem Grund müssen in diesem Kapitel Platon, Descartes und Kant einige Kritik aushalten. Die Forcierung des kalten, technischen Denkens wurde durch sie mächtig vorangetrieben. Diese Philosophen haben den Menschen jeweils neu definiert und ihn darauf vorbereitet, zunächst das eigene Innenleben und später die äußere Natur vollständig zu beherrschen. Was wir heute als Umweltzerstörung und Klimakatastrophe erleben, hat genau hier seinen Ursprung. Nach diesem anstrengenden Programm können wir uns dann im Garten Epikurs in Athen ein wenig erholen, denn Epikur hat eine humanere Philosophie vertreten.

Platonische Leibverachtung

Begeben wir uns nun ins Athen des 5. Jahrhunderts vor Christus. Sokrates philosophiert dort zu dieser Zeit, sein Schüler Platon wird 385 v. Chr. in der Stadt seine berühmte Akademie gründen. Der Philosophie-Historiker Diogenes Laertios (um 200 n. Chr.) charakterisiert Platon so:

> *«Platon verwendet eine bunte Vielfalt von Bezeichnungen, um den Ungebildeten den Einblick in das Lehrgebäude zu erschweren. Als eigentliche Weisheit betrachtet er die Wissenschaft vom Intelligiblen oder wahrhaft Seienden, die sich, sagt er, mit Gott und der vom Körper getrennten Seele beschäftigt.»* *

Auch Platon scheint jenes *grausame Spiel* einer verschleiernden Sprache beherrscht zu haben, von dem Karl Popper sprach. Uns interessiert jetzt aber ein einzelner Aspekt der platonischen Philosophie. Das ist sein Konzept einer vom Körper getrennten Seele. Der Seele kommt in Platons Denken eine überragende Bedeutung zu, denn sie ist für ihn das Wesentliche am Menschen. Den Körper hingegen hätte Platon am liebsten ganz abgeschafft. Da aber auch Philosophen nicht ohne den Körper leben können, rät Platon seinen Schülern, diesen zumindest soweit wie möglich abzutöten. Platon

---

* Diogenes Laertios, *Leben und Lehre der Philosophen*, Stuttgart: Reclam 2010, S. 173

trat also keineswegs für eine Harmonisierung des ganzen Menschen ein. Für ihn stand fest, dass der Leib der Erkenntnis im Wege steht:

> *«...solange wir nämlich beim Forschen neben dem reinen Denken noch den Leib gebrauchen und solange unsere Seele mit diesem Übel vermengt ist, werden wir das, wonach wir begehren – nämlich die Wahrheit – niemals recht erlangen.»* [**]

Der Leib ist also für Platon ein Übel, weil er der Erkenntnis der Wahrheit im Wege steht. Das *reine Denken* soll möglichst wenig vom Körper mit seinen Lüsten und Begierden beeinflusst werden. Platons Formel lautet also: Je weniger Leib, desto mehr Erkenntnis. Aber so sehr er sich auch bemühen mag, die volle Wahrheit wird dem Philosophen erst nach seinem Tode zuteil:

> *«Denn wenn es nicht möglich ist, in Verbindung mit dem Leibe irgendetwas rein zu erkennen, so bleibt nur eines von beiden: entweder können wir das Wissen überhaupt nicht erlangen oder erst nach unserem Tode. Dann wird die Seele ganz für sich sein, getrennt vom Leibe, vorher aber nicht. Und solange wir leben, werden wir offenbar in dem Maße dem Wissen am nächsten kommen, als wir mit dem Leibe möglichst wenig verkehren und keine Gemeinschaft mit ihm haben, soweit es nicht unbedingt nötig ist, und uns von seiner Natur nicht erfüllen lassen, sondern uns von ihm rein halten, bis Gott selbst uns von ihm löst.»* [***]

[**] Platon, *Klassische Dialoge*, München: dtv 1975, S. 17
[***] Platon, *Klassische Dialoge*, München: dtv 1975, S. 18

Diese Zitate sind die frühesten Zeugnisse extremer Leibfeindschaft. Platons Ideal ist ein Mensch, der ganz Seele ist, seinen Körper hingegen nur widerwillig mit sich herumschleppt. Den Körper hat Platon bekämpft, der spürbare Leib kommt in seiner Philosophie nicht vor. Die Seele ist für Platon nicht nur etwas *am* Menschen, sondern durch sie realisiert sich überhaupt erst das Menschsein. Der Körper – oder genauer: der gespürte Leib – wird zu einem notwendigen Übel. Das Ideal des Philosophen ist eine körperlose Seele. Der Tod verspricht laut Platon die Trennung vom minderwertigen Körper und damit den Aufstieg der Seele in das reine Sein. Es ist unbestritten, dass Platon mit diesem Konzept das Bild vom Menschen für Jahrhunderte geprägt hat. Das gern zitierte *mens sana in corpore sano – ein gesunder Geist in einem gesunden Körper* ist keineswegs das Ideal aller Philosophen gewesen.

Doch was meinte Platon überhaupt, wenn er von Seele sprach? Wir verwenden heute die Begriffe Seele und Psyche so, als seien es Gegenstände, die sich klar wissenschaftlich definieren lassen. Natürlich haben diese Begriffe seit der Antike eine lange Geschichte durchlaufen und sich ständig verändert. Heute kann man beobachten, dass der Begriff *Seele* manchmal schon durch *Gehirn* ersetzt wird. Aber generell ist die Spaltung des Menschen in Seele und Körper eine Grundkonstellation, die im antiken Griechenland beginnt und bis heute nachwirkt. Doch was soll mit dieser Spaltung überhaupt bewirkt werden? Warum war es überhaupt notwendig, den Menschen derart zu definieren? Platon hatte zunächst sehr strenge religiöse Vorstellungen. Der vernünftige Mann strebt nach Reinheit und spiritueller Klarheit. Körperlich wird er rein, indem er sich von seinem Körper distanziert und nicht mit Frauen verkehrt. Sein Geist wird klar, wenn er sich an die Gesetze der Mathematik hält. Platon zerreißt die Welt in zwei Teile: Eine schlechte Welt der

Sinne und eine gute Welt des Geistes. In der Welt der Sinne sind wir Menschen von der Natur abhängig und spüren unsere Vergänglichkeit. Nirgendwo kann der Mensch die Launen der Natur so unmittelbar erleben wie an seinem Leib, wir sind eben ein Stück Natur. Platon beklagte sich darüber, dass uns der Körper durch Hunger, Geschlechtstrieb, Lüste und Ängste ständig in Unruhe versetze. Mit solch einem eigensinnigen Körper wollte der Philosoph nichts mehr zu tun haben.

Wir können Platons Gedanken auch dann nachvollziehen, wenn wir sein asketisches Programm ablehnen. Denn wie Selbstbeherrschung und strenge Askese funktionieren, können wir uns vorstellen, ohne sie je selber praktiziert zu haben. Das ist deshalb möglich, weil wir sehr früh gelernt haben, uns selber zu regieren und zu beherrschen. Warum das überhaupt möglich ist, können wir auch bei den alten Griechen lernen. Denn sie können als Erfinder der Seele als Instrument der Herrschaft gelten. Platon verwendet das Wort Seele in genau diesem Sinne. Er vergleicht den Menschen mit einem antiken Wagengespann. In diesem Modell entspricht der Wagenlenker der Seele, welcher die Tiere, also den Körper, antreibt. Die Herrschaft über den Körper mussten die Griechen aber zunächst erlernen, denn lange Zeit hatte der Mensch keine derartige Macht über sich selber. Auf diese Tatsache ist Hermann Schmitz gestoßen, als er sich mit der Geschichte des Leibes beschäftigt hat. Insbesondere in der Ilias des Homer hat er etwas Interessantes entdeckt:

> «So etwas wie eine Seele, in der das Individuum eine ihm privat reservierte Innenwelt zur Verfügung hätte, kennt der Homer der Ilias noch nicht.» *

---

* Hermann Schmitz, *Leib und Gefühl*, Paderborn: Junfermann 1989, S. 292

Die Menschen zur Zeit der Ilias konnten zwar genau wie wir heute *ich* sagen. Aber eine Innenwelt mit Gedanken und Gefühlen, die von der Umwelt strikt abgegrenzt ist, kennen sie noch nicht. Laut Schmitz verfügten diese Menschen über keine *persönliche Hausmacht*. Sie nahmen Gefühle zwar an sich selber wahr, doch wären sie nicht auf die Idee gekommen, dass Angst oder Freude Phänomene innerhalb des Menschen sind. Der Übergang zwischen Innen und Außen war fließender, Stimmungen und Gefühle wurden intensiv erlebt, aber nicht einer abgekapselten Seele zugeordnet.

In der Zeit zwischen Homer und Platon verändern sich die Menschen, sie haben sich laut Hermann Schmitz jetzt *eine Innenwelt und eine Seele zugelegt*. Mit dieser Schaffung einer Innenwelt entsteht dann überhaupt erst die scharf abgegrenzte Außenwelt, die wir heute technisch so perfekt beherrschen und ausbeuten. Für uns ist es selbstverständlich, von *meiner Seele* oder *meiner Psyche* zu sprechen. Denn für uns ist eine klare Grenze zwischen Innen und Außen eine Selbstverständlichkeit geworden. Damit meine ich nicht die physische Körpergrenze. Diese hat ihre soziale Funktion und sollte immer respektiert werden. Es geht hier um die Frage, wie wir uns selber und die Welt erleben. Wenn wir etwa von einem Naturschauspiel fasziniert oder sogar erschüttert werden, würde uns heute ein Psychologe erklären: Da hat deine Psyche überreagiert. Zur Zeit der Ilias wäre das noch nicht möglich gewesen.

Aber für Philosophen war die Trennung in Innen- und Außenwelt eindeutig ein Gewinn: Sie haben seit dieser Zeit ein riesiges Forschungsprogramm, das bis heute nicht abgeschlossen ist. Denn es stellten sich von nun an wahrhaft bedeutende Fragen wie: Gibt es die Außenwelt überhaupt, oder ist sie nur ein Traum? Wenn es eine Welt außerhalb meiner Innenwelt gibt, kann ich dann mit ihr in Kontakt treten oder bin ich von ihr strikt getrennt? Oder bringt gar meine Innenwelt auch die gesamte Außenwelt hervor, womit die Frage von Innen und Außen sich wieder erübrigt? Wir werden im nächsten Kapitel sehen, dass diese scheinbar theoretischen Spielereien keineswegs harmlos sind.

In der intellektuellen Oberschicht Griechenlands fand man zunehmend Gefallen an asketischen Idealen und leibfeindlichen Philosophien. Viele religiöse Sekten und philosophische Schulen hegten dort schon immer Misstrauen gegen Lust und Lebensfreude. Platon wird zwar oft als der Denker des Schönen und Guten bezeichnet, doch sollte man sich seine Philosophie genauer anschauen, bevor man ihn für einen optimistischen Denker hält. Er war entgegen der landläufigen Meinung mit seinem Pessimismus aber nicht allein im antiken Griechenland. Der Religionswissenschaftler Helmuth von Glasenapp (1891–1963) klärt uns darüber auf:

> *«Im Griechentum hat es hingegen seit alters starke Stimmungen des Pessimismus, der Weltabkehr, der Geringwertung des Geschlechtsverkehrs mit Frauen (an dessen Stelle die Homosexualität hochgeschätzt wurde, wie bei Platon) gegeben. Es ist ganz falsch, zu glauben, das Hellenentum sei ausschließlich lebensfreudig und weltbejahend gewesen. Von den Orphikern über Pythagoras, Empedokles, Platon bis zu den Stoikern und Neuplatonikern hat es vielmehr starke Strömungen gegeben, welche das irdische Leben als den vorübergehenden Aufenthalt in einem Gefängnis empfanden und nach einem ewigen überirdischen Dasein verlangten.»* [*]

---

[*] Helmuth von Glasenapp, *Die fünf Weltreligionen*, Kreuzlingen/München: Hugendubel 2001, S. 233

Man kann Platons Theorien durchaus als den Versuch deuten, einem Gefängnis zu entkommen. Er ging davon aus, dass es neben der sichtbaren Welt noch eine andere Welt geben müsse, zu der man Zuflucht nehmen könne. In dieser anderen Welt gibt es ewige Wahrheiten, die er *Ideen* nennt. Manche halten die Ideenlehre Platons für eine abstrakte Geheimlehre, die immer nur wenigen zugänglich sein wird. Diese Ideenlehre ist wirklich schwer nachvollziehbar, wenn man sie isoliert betrachtet. Doch sie wirkt bis heute sehr stark nach. Denn auch heutige Wissenschaft ist nie ganz von dieser Welt. Mit einem Bein steht jeder Wissenschaftler noch immer im platonischen Ideenhimmel. Das hat folgenden Grund: Platon selber war fasziniert von der Mathematik mit ihren eindeutigen, kristallklaren Wahrheiten. Wer sich in der Schule mit Mathematik herumgequält hat, wird das kaum verstehen können. Aber in der himmlischen Welt der Ideen sollen die Gesetze der Mathematik und damit alle Aussagen der Wissenschaft zu hundert Prozent gelten. Platons Himmel ist also kein Ort süßen Lebens, sondern strenger Logik. Seine Zwei-Welten-Lehre klingt zunächst eigenartig, doch wenn man genauer darüber nachdenkt, ist sie durchaus schlüssig. Man kann es sich so verdeutlichen: In der Welt, wie wir sie wahrnehmen, gibt es nur Werden und Vergehen. Außerdem ist nichts vollkommen exakt, alles weicht ein klein wenig ab oder ist zumindest ein klein wenig schief. Die Linie auf dem Papier ist nie so perfekt, wie die Gerade der Geometrie, die wir uns geistig vorstellen. Und einen Punkt ohne Ausdehnung kennt nur die Geometrie, in der Wirklichkeit gibt es solche Punkte nicht. In der wirklichen Natur absolut gültige Gesetze auszumachen ist also gar nicht möglich. Genau das macht manche Menschen wahnsinnig. Platon selber war Rationalist, deshalb war für ihn die gedachte Gerade auch die wirklichere Gerade. Man wusste auch in der Antike schon genau, dass die Gesetze der Geometrie nicht in der Wirklichkeit gelten.

Platon bediente sich also eines Tricks: Er dachte sich einfach eine Welt hinzu, die wahrer ist als die natürliche Umwelt und in der eben die Gesetze der Mathematik exakt gelten sollen. So einfach ist das, könnte man denken. Aber die Probleme folgen natürlich sofort... Wenn man pleite ist, kann man nicht einfach ein volles Bankkonto herbeiphantasieren. Die Wirklichkeit ist eben nicht so geschmeidig wie unsere Phantasie. Aber Philosophen konnten sich von nun an in die reine und klare Welt der Theorie flüchten. Auch wenn wir heute nicht mehr an Platons zwei Welten glauben, die Kluft zwischen mathematisch exakten Naturgesetzen und Natur, zwischen Ideal und Wirklichkeit, besteht weiterhin. Exakte Messergebnisse, ausführliche Statistiken und komplizierte Formeln stimmen bis heute nicht mit der Wirklichkeit überein. Kein geringerer als Albert Einstein bestätigt uns das:

«Insofern sich die Sätze der Mathematik auf die Wirklichkeit beziehen, sind sie nicht sicher, und insofern sie sicher sind, beziehen sie sich nicht auf die Wirklichkeit.» [*]

Dieses Zitat sollte in großen Buchstaben über dem Eingang jeder Universität stehen, denn das würde uns viele Missverständnisse ersparen. Die Welt der Wissenschaft ist bis heute eine Abstraktion von der Wirklichkeit, nicht die Wirklichkeit selber. Die Wirklichkeit ist wesentlich unschärfer und unberechenbarer als die Welt der Mathematik und Logik.

Platons Philosophie hatte in der Folge eine kaum zu überschätzende Wirkung. Sein Weltbild sickerte langsam in die europäische Kultur

---

[*] Albert Einstein, *Mein Weltbild*, Frankfurt/Main: Ullstein 1988, S. 119

ein und verdreht den Menschen im wahrsten Sinne des Wortes den Kopf. Als Begründer eines strengen Rationalismus hat Platon in seiner Denkwerkstatt den kopflastigen Menschen theoretisch entworfen. Er wollte aber nicht nur Theorien verkünden, sondern seinem Idealmenschen auch zu Einfluss in der Welt verhelfen. Deshalb schrieb er ein Buch mit dem Titel *Politeia*, in dem er einen perfekten Staat entwirft. An der Spitze dieses Ideal-Staates sollten einige Philosophen stehen, welche im Besitz der ewigen Wahrheiten sind. Das sind Platons berühmte *Philosophenkönige*. Freundlich geht es im Reich der Philosophen aber nicht zu. Jedem Menschen wird genau vorgeschrieben, was er zu tun hat. Es gibt eine starre Hierarchie, eine staatliche Erziehungsbehörde schreibt vor, was als gut oder schlecht zu gelten hat. Für ungesunde Menschen gibt es keinen Platz, behinderte Neugeborene sollen sofort getötet werden. Dieses platonische Staatsideal ist im 20. Jahrhundert scharf kritisiert worden, vor allem von Karl Popper. Er hielt es für totalitär und warf Platon vor, von der Herrschaft über die ganze Menschheit geträumt zu haben.

Die anarchischen Regungen des eigenen Leibes waren Platon ebenso ein Dorn im Auge, wie der Gedanke, in einem Staat könnte irgendetwas ungeplant geschehen oder von Autoritäten unbeobachtet bleiben. Aus der psychologischen und soziologischen Forschung wissen wir heute, dass die konsequente Unterdrückung von Lust und Gefühlen den Menschen deformiert und ihn anfällig macht für starre Hierarchien und autoritäre Haltungen. Wer die Menschen vollkommen beherrschen will, der wird versuchen, Kontrolle über ihre Körper zu gewinnen. Bei Platon verschränkt sich die Verachtung des eigenen Leibes mit der Verachtung der Individualität anderer Menschen. Der Philosoph herrscht über seinen eigenen Leib, der Philosophenkönig über die Körper der Individuen.

Die totale Beherrschung der Natur durch den Menschen ist zwar zur Zeit Platons noch ein ferner Traum. Doch sind schon bei ihm zwei wichtige Merkmale unserer technischen Zivilisation deutlich erkennbar: Die Unterdrückung von Leib und Gefühlen sowie die Beherrschung der Welt durch ein streng mathematisiertes Denken.

René Descartes spielt Gott

In der Neuzeit gelingt es dem Menschen dann, mathematisches Denken zum Instrument der Naturbeherrschung zu machen. Die Neuzeit ab etwa dem Jahr 1500 ist bekanntlich dadurch gekennzeichnet, dass der Glaube an Gott unsicher wird und der Mensch sich von Traditionen und Bindungen befreien möchte. Statt sich weiterhin als Kind Gottes zu fühlen, drängt der Mensch danach, möglichst alle seine Fähigkeiten zu entwickeln und zu entfalten. Horst-Eberhard Richter hat diese Entwicklung in seinem Buch *Der Gotteskomplex. Die Geburt und die Krise des Glaubens an die Allmacht des Menschen* von 1979 ausführlich analysiert. Allerdings wirft Richter dem neuzeitlichen Menschen eine schwere Selbsttäuschung vor. Der Mensch habe sich seit der Renaissance überhaupt nicht vom Glauben an Gott befreit. Vielmehr habe er sich einfach selber an die Stelle Gottes gesetzt. Eigenschaften wie Allmacht, Omnipotenz und absolutes Wissen schreibt der aufstrebende Mensch der Neuzeit nicht mehr Gott, sondern sich selber zu. Die Erfolge der Wissenschaften verstärkten dieses Selbstbild. Viele maßgebliche Philosophen haben diese Hybris aber nicht gedämpft, sondern mit Argumenten angefeuert. Sie setzten Begriffe wie *Ich* oder *Bewusstsein* an die Stelle Gottes. Um in seinen Träumen von Allmacht und Unsterblichkeit nicht gestört zu werden, musste der neuzeitliche Mensch Schmerzen und das Sterben systematisch verdrängen. Denn jede Schwäche erinnert den Menschen an seine Abhängigkeit von der Natur oder eben von Gott. Der Mensch war nie ein Gott, er kann es sich nur einbilden. Der neuzeitliche Mensch lebt deshalb nicht weniger in Konflikt mit der Wirklichkeit als Platon. Es greift übrigens viel zu kurz, wenn wir annehmen, der Drang nach Wissen und Technik sei nur entstanden, um Seuchen zu bekämpfen oder die Lebensmittelproduktion zu steigern. Es gab natürlich auch solche Motive, doch der Hauptantrieb der neuzeitlichen Entwicklung war psychischer Natur.

Der Philosoph René Descartes gilt als einer der bedeutendsten Denker der Neuzeit. Horst-Eberhard Richter bescheinigt Descartes allerdings, nicht im Interesse der Logik und der reinen Erkenntnis zu argumentieren, sondern dem Menschen gottgleiche Eigenschaften andichten zu wollen:

> «*Es war dann im 17. Jahrhundert die Philosophie des Descartes, die am prägnantesten den wegweisenden Entschluss des Menschen ausdrückte, sich das absolute Wissen und die Kraft des Allmächtigen anzueignen, um nach dem Verlust des mittelalterlichen Gotteskindschaftsverhältnisses ein neues Gleichgewicht zu finden. Nach Wegfall des göttlichen Schutzes wird das Selbstbewusstsein des individuellen Ich zum Garanten eines modernen Sicherheitsgefühls... Das individuelle Ich wird zum Abbild Gottes. Die höchste und zentrale Wahrheit steckt infolgedessen in dem berühmten Satz: Cogito ergo sum; ich denke also bin ich.*» *

Das widerspricht dem, was man an Universitäten über Descartes zu hören bekommt. Dort wird das *cogito ergo sum* wie eine logische Einsicht in das Wesen des menschlichen Verstandes diskutiert. Descartes gilt immerhin als *der* Begründer des neuzeitlichen Denkens.

---

* Horst E. Richter, *Der Gotteskomplex*, Reinbek bei Hamburg: Rowohlt 1986, S. 26

Er hat aber ganz erheblich dazu beigetragen, den menschlichen Körper als eine Maschine zu begreifen. Schauen wir uns den Kern seiner Argumentation an. Descartes folgenreiches Denkexperiment beginnt ganz gemütlich. Der Philosoph sitzt im Jahre 1641 am warmen Ofen und fragt sich, was ihm als absolute Gewissheit übrig bliebe, wenn er an allem zweifeln würde, was man irgendwie bezweifeln kann:

> «*Schon vor einer Reihe von Jahren habe ich bemerkt, wie viel Falsches ich in meiner Jugend als wahr habe gelten lassen und wie zweifelhaft alles ist, was ich hernach darauf aufgebaut, und dass ich daher einmal im Leben alles von Grund aus umstoßen und von den ersten Grundlagen an neu beginnen müsse, wenn ich endlich einmal etwas Festes und Bleibendes in den Wissenschaften ausmachen wolle.*» *

Zwei Aspekte sind an dieser Beschreibung bemerkenswert: Zunächst der Wunsch, einmal alles umzustoßen sowie zweitens die Suche nach einem Fundament für die Wissenschaften. Hier deutet sich schon an, was wir später noch deutlicher sehen werden: Das neuzeitliche Denken wird zunehmend an den Wissenschaften ausgerichtet. Es entfernt sich damit vom einzelnen Menschen und seinen individuellen Problemen. Nur weil wir von dieser Entwicklung selber geprägt sind, können uns Wissenschaftler heute glaubhaft erklären, dass Liebeskummer oder Glücksgefühle nur chemische Prozesse im Körper seien. Wäre unser Weltbild weniger von wissenschaftlichem Denken geprägt, dann würden solche Thesen auf uns sehr befremdlich oder sogar verrückt wirken.

---

* René Descartes, *Ausgewählte Schriften*, Frankfurt am Main: Fischer 1986, S. 95

Aber kehren wir zu Descartes zurück. Er beginnt sein Gedankenexperiment mit der Vorstellung, dass die ganze Welt nur ein Traum oder von Gott vorgetäuscht sein könnte. Der Bedeutungsverlust der Religion macht sich hier deutlich bemerkbar: Descartes setzt Gott zwar noch voraus, kann sich aber vorstellen, dass dieser ein Betrüger sein könnte. Nach langem Überlegen kommt er dann zu dem Ergebnis, dass nichts wirklich gewiss sei, außer einer Tatsache: Sein eigenes Bewusstsein. In diesem Bewusstsein findet er die einzige und letzte Wahrheit. Ich kann laut Descartes an der Welt zweifeln, nicht aber daran, dass ich diesen Zweifel an der Welt und ihrer Wirklichkeit habe. Mein Körper könnte eine Illusion sein, nicht aber die Vorstellung von meinem Körper in meinem Bewusstsein. Diese Einsicht führt Descartes zu der berühmten und folgenschweren Aussage: *Ich denke, also bin ich.* Wenn diese Aussage stimmt, dann ist nicht die Welt die erste Gewissheit. Weder unsere Umgebung noch unser eigener Körper sind unbezweifelbar wirklich. Wirklich gewiss ist nur die Vorstellung all dieser Dinge in einem abgeschlossenen Bewusstsein. Für Descartes ist deshalb die Welt in zwei Bereiche getrennt: eine ausdehnungslose Seele (*res cogitans)* und eine ausgedehnte Welt der Körper (*res extensa*). Der menschliche Körper gehört zur ausgedehnten Welt der Körper. Von nun an ist also der Mensch von seinem eigenen Körper getrennt. Zwar konnte Descartes die Menschen nicht wirklich derart teilen. Sie mussten ihm glauben, damit seine Theorie überhaupt eine Wirkung entfalten konnte.

Das war die Geburtsstunde des berühmten *Leib-Seele-Problems,* das seitdem Generationen von Philosophen und Wissenschaftlern beschäftigt hat. Heute würden viele Menschen behaupten, dass wir nicht in einer Seele, aber in einem Gehirn eingesperrt sind. Damit ersetzen sie den Begriff *Seele* durch *Gehirn,* bleiben aber dem Menschenbild des Descartes treu. Der moderne Mensch braucht offensichtlich ein Zentrum, dem sich alles Denken und Erleben zuordnen lässt. Die Seele bei Descartes wie auch das Gehirn der modernen Hirnforschung sind solche Zentren. Der Philosoph und Anthropologe Max Scheler (1874–1928) hat deutlich gemacht, was diese Trennung bedeutet: Der Mensch ist körperlich ein Tier, geistig-seelisch aber nur ein Punkt im Raum.

Die Leibphilosophie hingegen kennt diesen Konflikt überhaupt nicht, da sie die Teilung des Menschen in einen ausgedehnten Körper und eine ausdehnungslose Seele ablehnt. Hermann Schmitz:

> *«Dass der spürbare Leib räumlich ausgedehnt ist, unterliegt keinem Zweifel, Bauchschmerzen und Kopfschmerzen genügen als Zeugnis.»* [*]

Ist damit aber das Denken von Descartes wirklich widerlegt? Vielleicht braucht man es gar nicht zu widerlegen. Denn bei genauer Betrachtung stellen seine Theorien kein logisches Problem dar. Sie drücken nur das aus, was Descartes selber *empfunden* hat. Schauen wir uns seine Argumente genauer an: Er geht zunächst davon aus, dass die ganze Welt eine Illusion sein könnte. Was bliebe aber als Wahrheit übrig, wenn er derart an der Wirklichkeit der Welt zweifelt? Genau eine Wahrheit bleibt Descartes erhalten, wenn er sich in einer Welt aus Täuschungen wähnt: Das ist sein eigenes Bewusstsein. Denn dieses könne ihn niemals täuschen, denn selbst einer Täuschung sei er sich ja noch immer bewusst. Alles wird Descartes zum Inhalt des Bewusstseins, auch eine mögliche Täuschung. Wie aber lässt sich das begründen? Wie lässt sich beweisen, dass der Kirchturm draußen vor dem Fenster eine Illusion sein könnte, mein Denken und mein Bewusstsein aber nicht? So lange wir auch

---

[*] Hermann Schmitz, *Der Leib*, Berlin/Boston: de Gruyter 2011, S. 7

darüber nachdenken, es wird sich nicht schlüssig beweisen lassen. Denn wenn wir wirklich das ganze Leben für einen Film halten, den ein Gott uns vorspielt, dann haben wir uns noch nie außerhalb dieses Films befunden. Wir müssten für einen Moment selber dieser Gott sein, um die Illusion eindeutig zu durchschauen. Wenn Gott die ganze Welt manipulieren könnte, dann könnte wirklich alles eine Illusion sein, auch unser Bewusstsein. Da das Bewusstsein an sich leer ist, wäre alles im Bewusstsein eine Täuschung. Wenn wir aber alles als Täuschung bezeichnen, hat sich nichts geändert, außer dass wir die Welt jetzt eben als Illusion bezeichnen. Wir haben ein Wort durch ein anderes ersetzt. Wir müssen noch immer morgens aufstehen, gegen die Schwerkraft ankämpfen, die uns im Bett halten will und mit der wirklichen Welt zurechtkommen. Geändert hat sich allenfalls unser Verhältnis zur Welt. Sie erscheint uns irgendwie unwirklicher und undurchdringlicher. Das ist eine Erfahrung, die uns modernen Menschen gut bekannt ist. Als Besitzer einer Seele oder eines Gehirns stehen wir einer Welt gegenüber, die uns oft fremd und unwirklich erscheint. Wenn man das Bewusstseins-Argument durchschaut hat, wird man auch die beunruhigende Behauptung mancher Hirnforscher, wonach wir im Gehirn eingesperrt sind, kaum noch glauben.

Es handelt sich beim Bewusstsein um ein schwer zu fassendes Phänomen, denn Bewusstsein wird allem Denken und Wahrnehmen vorausgesetzt, weshalb Versuche es zu begründen, zirkulär sind. Wir können unser Bewusstsein nie von außen betrachten. Es braucht immer einen Inhalt, jeder Inhalt des Bewusstseins könnte laut Descartes aber eine Illusion sein, womit wieder *alles* eine Illusion wäre, eben auch das Wort *Bewusstsein* im Bewusstsein. Ich denke also bin ich – entscheidend ist an diesem Satz das *Ich*, aber nicht das Wort *denke*. Das *Ich* beweist schon, dass Ich mir selber gegeben bin, und zwar vor jedem Denken. Sobald ich das Wort *ich* ausspreche, spüre ich schon meine Stimme und die Bewegung im Bereich des Mundes. Wenn ein anderer Mensch *ich* sagt, so ist damit auch seine Existenz bewiesen. Die Tatsache, dass wir existieren, braucht überhaupt nicht auf Umwegen bewiesen zu werden, da wir uns schon gegeben sind, sobald wir unsere Existenz beweisen wollen. Gegeben sind wir uns, weil wir immer etwas von uns leiblich spüren. Darauf beruht die absolute leibliche Identität. Wir können unseren Leib niemals verwechseln, was daran liegt, dass wir leiblich und damit spürend dieser Leib selber sind. Wäre mein Bewusstsein derart von meinem Leib getrennt, wie Descartes behauptet, dann könnte es passieren, dass ich ihn manchmal gar nicht für meinen Leib halten würde. Was immer ich denke, es spielt sich vor dem Hintergrund ab, dass ich mich zunächst selber spüre.

Descartes wirkt wie ein Mensch, der auf der Flucht ist und irgendwann in einem kleinen und engen Haus Zuflucht findet. Er will sich nie mehr mit der eigenartigen Welt da draußen identifizieren und lebt fortan nur noch in diesem Haus. Wir müssen auch bedenken, dass Descartes in höfischen Kreisen lebte, in denen es damals längst zum guten Ton gehörte, sich von der Natur zu distanzieren. Die damals lebenden Intellektuellen waren die Väter der aufstrebenden Wissenschaften und träumten davon, sich die Natur eines Tages vollständig zu unterwerfen. Das Programm moderner Naturverachtung macht sich schon bei Descartes bemerkbar. Er setzt lebendige Organismen mit Maschinen gleich, Tiere hielt er für reine Automaten. Der Geist ist als erkennende und herrschende Instanz von der Natur schon vollkommen getrennt. Dieser Geist will die Gesetze der Natur entschlüsseln, um sie zu beherrschen, ohne jedes Mitleid. So beginnt der Aufstieg der Naturwissenschaft, welche die Natur so behandeln wird, *als ob* sie eine Maschine sei.

Philosophen des 20. Jahrhunderts haben sich gefragt, ob ein vom Körper getrenntes Gehirn, das in einer speziellen Flüssigkeit am Leben erhalten wird, zwischen simulierter Realität und echter Welt unterscheiden könnte. Dazu soll ihm mittels elektrischer Impulse eine Wirklichkeit vorgespielt werden. Dieses Denkexperiment wurde unter dem Namen *Gehirn im Tank* bekannt. Mit dieser Anordnung könnte man angeblich feststellen, ob die ganze Außenwelt wirklich eine Illusion sein könnte, womit Descartes These bestätigt oder widerlegt werden könnte. Wenn man sich wirklich auf dieses bizarre Experiment einlassen würde, müsste man sich fragen, ob ein Gehirn ohne Körper ein Mensch sein kann, der sich selber spürt. Aber am besten fordert man die Philosophen auf, sich zunächst an der Lösung der wirklichen Probleme zu beteiligen. Wenn diese gelöst sind, bleibt noch genügend Zeit für derartige Spielereien.

Der Versuch, Descartes Gedanken wie eine Mathematik-Aufgabe widerlegen oder bestätigen zu wollen, wird scheitern müssen. Man wird seinen Überlegungen dann folgen, wenn man intuitiv an sie glaubt. Das würden sich viele Philosophen und Wissenschaftler natürlich niemals eingestehen. Aber was Descartes in Wahrheit festgeschrieben hat, ist ein bestimmtes Lebensgefühl und eine Haltung sich selber und der Welt gegenüber. Bei Descartes nimmt eine moderne Grundhaltung Gestalt an. Diese besteht darin, nur das als wahr gelten zu lassen, was der Geist selber nach eigenen Regeln verstehen kann. Diese Methode beschreibt Descartes in seinen Schriften und er ebnet damit den Weg für die Naturwissenschaften und ihr spezielles Weltbild. Diese Haltung der Welt gegenüber ist mehr als eine bestimmte Art des logischen Denkens. Es ist vielmehr die Weiterentwicklung eines bestimmten Menschentypus. Wir hatten gesehen, dass bei Platon die Welt bereits in zwei Bereiche zerfiel. Dieser Dualismus verschärft sich nun. Descartes zieht eine klare Grenze zwischen dem Geist des Menschen und der gesamten materiellen Welt. Der vom Körper getrennte Geist gleicht einer Steuerzentrale, von der aus die Natur manipuliert werden kann. Atmosphärische Eindrücke, Stimmungen, Farben und Klänge hält dieser Geist von sich fern. Die Welt wird zerrissen und fragmentiert.

Der Leib-Seele-Dualismus spiegelt ein weit verbreitetes Lebensgefühl. Denn eigentlich ist diese Theorie ja hochspekulativ und entspricht nicht der unmittelbaren Lebenserfahrung. Wie würden wir im Alltag über einen Menschen urteilen, der behauptet, sein Körper sei eine Maschine und die Welt nur von Gott vorgetäuscht? Wir sind heute geneigt, so etwas für eine Störung zu halten. Hätte Descartes ein besseres Verständnis vom Menschen gehabt, dann hätte er geschrieben: *Ich spüre mich nicht, also bin ich reiner Geist.* Aber Descartes glaubt seine Sicht auf die Welt logisch begründen zu können. Nur der unkörperliche Geist ist für ihn wirklich:

> «*Alles übrige aber, wie Licht, Farben, Töne, Gerüche, Geschmäcke, Wärme und Kälte und sonstige Berührungsqualitäten, denke ich nur in recht verworrener und dunkler Weise, und also weiß ich noch nicht, ob sie wahr oder falsch sind...*» *

Sie sind falsch. Das schließt Descartes daraus, dass Kälte nichts anderes sei, als Abwesenheit von Wärme. Deshalb seien sie nicht real. Das gelte für alle *Berührungsqualitäten*. Ein erfrierender Mensch kann sich nach der Descartes-Lektüre einreden: Die Kälte, die ich spüre, gibt es gar nicht. Wer neben einem Flughafen lebt, kann jetzt

---

* René Descartes, *Ausgewählte Schriften*, Frankfurt am Main: Fischer 1986, S. 112

beweisen, dass der Fluglärm überhaupt nicht existiert. Denn: Lärm ist nur die Abwesenheit von Stille. Was wir spüren, ist gar nicht wirklich. Unsere Wahrnehmung ist reine Täuschung. Offensichtlich will Descartes alles, was nicht mathematischer Berechnung zugänglich ist, aus der Welt schaffen. Seine Behauptung lässt sich aber einfach widerlegen: Um die Existenz von Kälte und Wärme zu widerlegen, muss Descartes sie zunächst kennen und voraussetzen. Er kennt sie aus eigener Erfahrung, sonst hätte er auch ohne diesen Beweis ihre Existenz leugnen können. Was wir aber aus Erfahrung kennen, das ist eben real. Aber Descartes verspürt offenbar den Zwang, alles Leibliche abzudrängen und sich in seinem Gehirn einzukerkern. Er möchte in der Gewissheit leben, dass alles Unberechenbare gar nicht wirklich ist.

Generationen von Philosophen haben Descartes Ideen weitergetragen oder sich am angeblichen Leib-Seele-Problem abgearbeitet. Es gilt vielen bis heute als ungelöstes Rätsel. Wäre an jenem Abend im Jahre 1641 Descartes Ofen explodiert, dann wäre die Geschichte der europäischen Wissenschaften wohl anders verlaufen. Descartes hätte dann schlagartig gespürt, dass sein Leib durch und durch die Bedingung seiner eigenen Existenz ist. Bei Descartes beginnt sich etwas zu verfestigen, was uns heute selbstverständlich erscheint: Rationale Konzepte und Ideen dominieren das gesamte Dasein. Der Körper hingegen wird manipuliert und zu einem Instrument degradiert. Er soll uns dienen und darf allenfalls noch Lustgefühle auf Knopfdruck liefern.

Die Vernunft erstickt den Leib:
Immanuel Kant

Der berühmte Königsberger Philosoph Immanuel Kant hat die Beherrschung und Unterdrückung des Leibes ins Zentrum seiner Philosophie gerückt. Kant gilt bekanntlich als *der* Philosoph der Aufklärung des 18. Jahrhunderts. Seinen Einfluss kann man nicht überschätzen, noch heute wird seine Philosophie an Universitäten weltweit gelehrt. In seiner *Kritik der reinen Vernunft* versucht er, die Grenzen der Erkenntnis neu abzustecken. Er kommt zu dem Schluss, dass wir die Existenz Gottes oder die Unsterblichkeit der Seele nicht beweisen können. Die Philosophie vor Kant war in diesen Punkten optimistischer, doch wies Kant die mittelalterliche Metaphysik als Scheinwissenschaft zurück. Das war sein bedeutender Beitrag zur Philosophie und Neuorientierung in der Welt. Doch wie wir sehen werden, weist Kant nicht nur alte Dogmen zurück, sondern errichtet selber neue Dogmen. Er lebte schon in einer Zeit, die Arbeit und wirtschaftlichen Erfolg weit mehr schätzte, als eine festgefügte, religiöse Weltordnung. Er war felsenfest davon überzeugt, dass die aufkommende Industriegesellschaft dem vernünftigen und damit dem wahren Menschen entspreche. Diesen Menschen wollte Kant in seiner Philosophie zur Sprache bringen und ihn zum richtigen Leben anleiten. Er hat daher nicht nur Vorlesungen über so komplizierte Themen wie Erkenntnistheorie gehalten. Seine populärste Vorlesung trug den Titel *Anthropologie in pragmatischer Hinsicht*. Sie behandelt die Frage, wie ein vernünftiger Mensch zu leben habe. Das aus der Vorlesung entstandene Buch könnte man als *Knigge für Vernunftmenschen* bezeichnen. Darin fordert Kant den *jungen Mann* auf, sich die Befriedigung aller Lüste zu versagen. Als Gewinn verspricht er den jungen Männern ein Leben, das durch diesen Verzicht reicher geworden sei. Ein anderes Beispiel: Ein ungezwungenes gemeinsames Essen mit Freunden darf es bei vernünftigen Menschen nicht mehr geben. Deshalb hat Kant ein Drei-Stufen-Modell für den Verlauf einer vernünftigen Tischgesellschaft entwickelt: Zuerst soll man die Neuigkeiten des Tages erzählen, zunächst die eigenen, dann die aus den Zeitungen. Danach soll man sich vernünftig unterhalten, und schließlich, weil das *Vernünfteln* anstrengend ist, darf man am Schluss sogar noch ein wenig scherzen.

Man kann Kant als das große Vorbild des aufgeklärten Vernunftmenschen bezeichnen. Seine Philosophie soll den strengsten Kriterien der Vernunft genügen. Grundsätzlich orientiert sich Kant schon an den Naturwissenschaften, die damals ihren Siegeszug antraten. Die Gesetze der Naturwissenschaften erscheinen so schön eindeutig und sicher, daher suchte Kant nach genauso strengen Gesetzen für das alltägliche Leben. Den Naturwissenschaften zufolge liegt der Natur nur eine endlose Abfolge von Naturgesetzen zugrunde. Wenn er sich wirklich anstrengt, kann der Mensch diese Gesetze erkennen. Das Grundmuster dieses Denkens lautet: Keine Wirkung ohne Ursache, alles in der Natur geschieht nach Plan und ist streng determiniert. Die Natur gleicht in diesem Bild einer großen Maschine mit Millionen Zahnrädern. Es gibt demnach in der Natur keine Freiheit, keine Spontanität, sondern nur die Unterwerfung der Materie unter die ewig gleichen Gesetze. Kant spricht selber von einem *Naturmechanismus*. Der Mensch ist allerdings laut Kant diesem Naturmechanismus nicht vollkommen unterworfen, denn im Gegensatz zu den Tieren ist er ein Vernunftwesen. Doch Kants Reich der Vernunft ist von der Natur vollkommen getrennt. Wie Platon und Descartes, so hält es auch Kant nicht in der Wirklichkeit aus. Wir sollen uns *vorstellen*, dass wir in diesem Vernunftreich frei sind. Wir müssen uns die Freiheit einbilden und deshalb nach einer ganz bestimmten Regel leben, die Kant *kategorischen Imperativ* nennt. Menschen, die diesen Imperativ anwenden, werden zwar nicht glücklich, aber immerhin des Glückes würdig. Kant hatte mit diesem berühmten Imperativ ein Gesetz formuliert, nach dem alle vernünftigen Menschen leben sollen. Zumindest ein Mensch hat sich diesem Gesetz wirklich strikt unterworfen, und das ist Kant selber. Er hat mit eiserner Strenge so gelebt, als ticke in seinem Inneren ein Präzisionsuhrwerk. Der Tagesablauf wiederholte sich nach dem immer gleichen Muster, nichts durfte sich in seiner Umgebung verändern, alles war exakt geplant und ritualisiert. Horst-Eberhard Richter sieht auch bei Kant einen verborgenen Gotteskomplex am Werk. Er attestiert Kant sogar eine zwangsneurotische Charakterstörung. Das ganze Gerede von Zwang, Disziplin, Schuldigkeit und Gehorsam in Kants Büchern sei in Wahrheit nur gegen eigene unterdrückte Wünsche gerichtet gewesen. Kant war demnach ein äußerst unfreier Mensch mit großen psychischen Problemen. Er blieb sein Leben lang allein und nach allem was man aus biographischen Quellen weiß, hat er jeden körperlichen Kontakt gemieden. Lust hielt er für verderblich und tierisch, ein guter Mensch denkt nur an die Erfüllung seiner Pflichten. Der Dichter Heinrich Heine (1797–1856) bemerkte gar, dass eine Lebensbeschreibung Kants unmöglich sei, da Kant überhaupt nicht gelebt habe. Das scheint zu stimmen. Kant hat zum Beispiel seine Geburtsstadt Königsberg nie verlassen. Als man ihm eine Professur in Halle anbietet (was einem Aufstieg gleichgekommen wäre) lehnt er ab, da alle Veränderung ihm Angst mache und er sein Leben nicht unnötig verkürzen wolle.

«Die Veränderung nach Halle lässt Kant um sein Leben fürchten. Überleben ist nur in Königsberg möglich. Das Fremde droht mit dem Tode.» [*]

Dieses Zitat stammt aus dem Buch *Das Andere der Vernunft* das Gernot Böhme gemeinsam mit seinem Bruder, dem Kulturwissenschaftler Hartmut Böhme, verfasst hat. Die beiden zeigen am Beispiel Kants, dass unsere extreme Rationalität schwere Nebenwirkungen mit sich bringt. Das freundschaftliche Verhältnis zu Natur, Leib, Phantasie und Gefühlen musste geopfert werden, um die Herrschaft der reinen Vernunft durchzusetzen.

Obwohl sogar das nahe Halle Kant ängstigte, glaubte er andererseits mit der gesamten Menschheit vertraut zu sein. Liest man Kants Bücher, so könnte man ihn für einen weitgereisten Menschen halten. In Wahrheit war er ein fleißiger Leser von Reiseberichten. Diese veranlassten ihn auch, die Menschen in Rassen einzuteilen und jede Rasse genau zu charakterisieren. Die weißen Europäer standen als vollkommene Menschen an der Spitze, ganz unten in der Hierarchie sieht Kant die Eingeborenen Amerikas. Er ging davon aus, dass die universale und männliche Vernunft ausreiche, um über alles in der Welt zu urteilen. Er brauchte dazu nicht einmal seinen Schreibtisch zu verlassen. Wie man sich denken kann, gab es immer Menschen, die über den Pflicht-Philosophen den Kopf geschüttelt haben. Doch gilt er bis heute vielen als bedeutendster Denker der Aufklärung. Später sehen wir, dass es erstaunliche Ähnlichkeiten zwischen Kant und dem gegenwärtigen Transhumanismus gibt.

---

[*] Gernot Böhme und Hartmut Böhme, *Das Andere der Vernunft*, Frankfurt am Main: Suhrkamp S. 463

Wenn man sich seine altmodische Puderperücke wegdenkt, wirkt Kant plötzlich hochmodern.

Besonders gelobt wird bis heute Kants Moralphilosophie. Der schon erwähnte kategorische Imperativ hat es zu einiger Berühmtheit gebracht. An ihm lässt sich zeigen, wie sehr die Entfremdung vom Leib und von den Gefühlen für Kant zum Programm der Aufklärung gehörte. Er wollte ein moralisches Gesetz finden, das immer und überall für alle vernünftigen Wesen gilt. Sein Gedanke war folgender: Der Mensch soll niemals aus Lust oder aufgrund von Gefühlen handeln, denn diese sind unsicher und außerdem verdorben. Unser Handeln soll nur von reiner Vernunft beherrscht werden. Eine Form des kategorischen Imperativs lautet: *Handle so, dass die Maxime deines Willens jederzeit zugleich als Prinzip einer allgemeinen Gesetzgebung gelten könne.* Jede Handlung soll also darauf geprüft werden, ob ihre Entscheidungsgrundlage als allgemeines Gesetzt tauge oder nicht. Entscheidend ist, dass dieser Imperativ absolut und immer für alle Menschen gelten soll. Der Mensch hat sein gesamtes Handeln lückenlos an diesem Imperativ auszurichten. Pflicht ist nicht ohne Grund einer der häufigsten Begriffe bei Kant. Niemals darf man sich an den Folgen seiner Handlungen orientieren. Der kategorische Imperativ wird oft missverstanden: man solle eben Gutes tun und nicht Schädliches. Aber genau das meinte Kant ausdrücklich nicht. Wer an die Folgen seiner Handlungen denkt, der ist schon auf dem falschen Weg. Kant erläutert das an einem eindeutigen Beispiel. Es sei unter allen Umständen verboten zu lügen, ganz ohne Rücksicht auf die Folgen. Denn eine Lüge ist mit dem kategorischen Imperativ niemals vereinbar. Man darf laut Kant auch dann nicht lügen, wenn man damit einem Freund das Leben retten würde. Das moralische Gesetz allein gilt. Die Lüge wäre in jedem Fall der größere Schaden, da eine Gesellschaft nur dann funktioniert, wenn die Menschen wahrhaftig sind. Ganz offensichtlich stellt Kant hier eine eiserne Pflicht über jede Menschlichkeit. Die Geschichte kennt viele Situationen, in denen Menschen gelogen haben, um das eigene oder das Leben anderer zu retten. Oft waren es nicht einmal Freunde, sondern eben Mitmenschen, die man durch eine Lüge schützen wollte. Folgt man Kant, dann haben sich diese Menschen unmoralisch verhalten. Sie haben die reine Vernunft mit Füßen getreten – bloß um ein Leben zu retten. Hätten sie nicht gelogen und den Menschen ausgeliefert, so wären sie immerhin noch des Glückes würdig gewesen. Eine solche Moral passt perfekt in eine leibfeindliche Gesellschaft, in der man Unterwerfung höher schätzt als Mitgefühl und Menschlichkeit.

Was Kant übersehen hat: Der kategorische Imperativ setzt immer bestimmte Wertvorstellungen voraus und soll diese bestätigen. Es gibt keine reine Vernunft, die unser Handeln leiten könnte. Denken wir an die Sado-Masochisten: Man kann nur hoffen, dass möglichst wenige von ihnen Bekanntschaft mit dem kategorischen Imperativ machen. Denn nichts käme diesen Menschen gelegener, als das Erleiden und Zufügen von Schmerzen zu einem allgemeinen Gesetz zu machen. Kant hatte keinen Menschen vor Augen, der vorsichtig mit der Welt umgeht, als er sich diese Regel ausdachte. Er hatte einen Konformisten im Sinn, der die herrschenden Wertvorstellungen mit den eigenen Wünschen gleichsetzt. Die Menschen sollen sich anpassen, ohne die Gesellschaft zu hinterfragen. Ein Konformist passt sich geräuschlos an die herrschenden Gegebenheiten an und idealisiert Gesetze und Hierarchien, ohne nach ihrem moralischen Wert zu fragen. Kants Vernunftwesen sind alles andere als verträgliche Menschen. Ihr Charakter ist dogmatisch und unerbittlich. Der kategorische Imperativ wird in den meisten Fällen genau das verallgemeinern, was der Mensch zuvor schon als richtig empfunden hat.

Die entsprechenden Wertvorstellungen hat er durch Sozialisation und Erziehung erhalten. So sehr wir auch die Vernunft schätzen: Bewusstes Handeln ohne die Beteiligung von Gefühlen wird es niemals geben. Ob ein Heiliger oder der Denunziant hinterm Vorhang: Sobald Menschen ihr Handeln begründen sollen, werden sie irgendwelche Empfindungen angeben, die sie motiviert haben. Nur der vollkommen Antriebslose könnte keine Gründe mehr angeben, aber er hätte eben auch keinen Antrieb mehr, überhaupt zu handeln.

Es ist offensichtlich, dass Kants Imperativ nicht zur Menschlichkeit anleitet. Die Verachtung emotionaler Bedürfnisse in Verbindung mit militärischer Strenge erinnert an die Methoden der schwarzen Pädagogik, die ja auch nur das Beste für das Menschenkind wollte. Hinter Kants von vielen so hochgelobter Humanität verbirgt sich in Wahrheit ein Hang zur Grausamkeit. Horst-Eberhard Richter fällt ein eindeutiges Urteil:

«*Die moralische Handlung ist bei Kant durchgängig charakterisiert durch Begriffe wie: Pflicht, Gehorsam, Opfer, Disziplin der Vernunft, Schuldigkeit, Selbstzwang, kategorischer Imperativ. Das sind die Kernbegriffe eines Grundtenors von zwanghaftem Asketismus. Es walten Strenge, Pedanterie und höchste Skrupulosität. So scheint es sich geradezu zu verbieten, irgendwelche emotionalen Bedürfnisse mit dem kategorischen Imperativ überhaupt in Verbindung zu bringen.*» [*]

Der Philosoph Arthur Schopenhauer (1788–1860) hat Kant ebenfalls deutlich widersprochen. Schopenhauer stand allerdings außerhalb der Universitätsphilosophie und wird dort bis heute gerne

---

[*] Horst-Eberhard Richter, *Der Gotteskomplex*, Reinbek bei Hamburg: Rowohlt 1986, S. 46

übersehen. Er hat nachgewiesen, dass der kategorische Imperativ keineswegs so moralisch ist, wie Kant dachte. Denn wenn mein eigener Wille überall verallgemeinert wird, dann herrscht eben irgendwann nur noch mein Wille. Die Verallgemeinerung des eigenen Willens ist also selber egoistisch. Doch gerade den Egoismus hat Kant verachtet, da er mit der allgemeinen Vernunft nicht vereinbar ist. Es ging Kant in Wahrheit nur darum, diesen Egoismus so zu lenken, dass die Gesellschaft reibungslos funktioniert. Spontane Menschlichkeit oder gar Widerstand sollte es nicht geben. Schopenhauer hat einen Imperativ formuliert, der viel menschlicher ist und sogar das leibliche Spüren voraussetzt: *Verletze niemanden, vielmehr hilf allen soweit du kannst.* Dieser Imperativ setzt einen mitfühlenden Menschen voraus, und keine entmenschlichte Denkmaschine. Wenn ich niemanden verletzen soll, so muss ich fühlen, was andere Menschen überhaupt verletzen könnte. Schopenhauer wollte den Menschen das Mitfühlen nicht abtrainieren, sondern es ausdrücklich fördern. Allerdings will Schopenhauer nicht nur an die Menschen appellieren, doch bitte möglichst gut und rücksichtsvoll zu sein. Seine Moralphilosophie entstammt der tieferen Einsicht, dass alles Leben auf der Erde eine Einheit bildet. Er bezieht sich auch auf das indische *Tat Tvam Asi*. Unser Getrenntsein von der Welt ist demnach eine bloße Illusion. Im anderen Menschen wie auch im Tier können wir auch uns selber erkennen, denn alles Leben ist letztlich eins. Man muss natürlich anmerken, dass sich ein Mensch nur dann in anderen Lebewesen selber erkennen kann, wenn er nicht vollkommen entfremdet ist. Aber es ist jedenfalls viel schwieriger, Schopenhauers Imperativ für falsche Zwecke zu missbrauchen oder einfach an herrschende Ideologien anzupassen. Der Mangel an Mitleid ist eines der größten Übel der Menschheitsgeschichte. Doch das Mitleid hat Kant ebenso abgelehnt, wie alle anderen Gefühle. Kants Vernunftmensch hat eine geradezu symbiotische Beziehung zu seinem Vernunftgesetz, die Menschen in seiner Umgebung hingegen sind ihm fremd. Die Einstellung Kants ist gut geeignet, eine autoritäre Politik zu begründen, so Horst-Eberhard Richter:

> *«Es ist nicht zu verwundern, dass bis in die Gegenwart hinein Kant der Kronzeuge aller konservativen Fürsprecher des Law-and-Order-Staates geblieben ist, die stets im Blick von oben nach unten mehr Pflicht und Schuldigkeit, mehr Disziplin, Selbstbeherrschung und Autoritätsrespekt fordern.»* [*]

Es hat sich eingebürgert, Kants ritualisierte Gewohnheiten als kleine Verrücktheiten eines großen Genies abzutun. Zu solch einem Urteil gelangt man nur, wenn man in ihm den körperlosen Vernunftmenschen sieht, den er selber gepredigt hat. Man muss Kant idealisieren, um ihn zum Lehrer der gesamten Menschheit zu stilisieren.

An Kant kann man sehr genau die fortschreitende Rationalisierung der Gesellschaft beobachten. In den Industriegesellschaften muss der einzelne Mensch eine genau definierte Funktion übernehmen. Zu diesem Zweck sollen sich die Menschen diszipliniert an die Verhältnisse anpassen. Umso besser, wenn ein berühmter Philosoph dieses Verhalten auch noch mit Humanität gleichsetzt.

Disziplin hat auch das gesamte Leben des Philosophen aus Königsberg geprägt. Zu Kants Lebzeiten bildete sich auch ein neuer Menschentyp heraus, dessen Leben von Regeln, Verboten und Kontrollmechanismen durchdrungen ist. Experten aller Art definieren seit dem 18. Jahrhundert tausende Normen und Verhaltensweisen. Sie legen exakt fest, was als gesund gilt und was als schädlich, was man wie tun und was man besser lassen sollte. Der Soziologe

---

[*] Horst E. Richter, *Der Gotteskomplex*, Reinbek bei Hamburg: Rowohlt 1979, S. 48

Norbert Elias (1897–1990) sprach davon, dass die Menschen lernen mussten, *Fremdzwang* in *Selbstzwang* zu verwandeln. Der äußere Druck kann wegfallen, wenn jeder von sich aus das tut, was er tun soll. Ein solcher Mensch kann deshalb störungsfrei arbeiten, konsumieren und sich in einer komplexen und hochorganisierten Gesellschaft bewegen, ohne unangenehm aufzufallen oder gar zu stören. Oft kennt dieser Mensch nicht einmal die eigene Funktion in der arbeitsteiligen Gesellschaft. Die Leidenschaften und Lustempfindungen des neuen Menschen sind stark gedämpft und unter ständiger Kontrolle. Jede Störung und Abweichung vom Normalen entspricht in der Disziplinargesellschaft einem Symptom, das von Experten behandelt werden muss. Seit dem 18. Jahrhundert erfreut sich die Beratungsliteratur großer Beliebtheit. Die Menschen spürten zunehmend das Bedürfnis, sich an dem zu orientieren, was allgemein üblich ist. Das Ergebnis ist eine Gesellschaft, in der die Menschen wie vorfabriziert wirken und kaum noch ein Bewusstsein ihrer Individualität haben. Immanuel Kant verkörpert den disziplinierten, perfekt angepassten Menschen wie kaum ein anderer. Kant ist bis heute Weltmeister in der Disziplin *Selbstoptimierung*.

Werfen wir nun einen Blick auf Kants Erkenntnistheorie. In dieser geht es um die Frage, ob und wieweit wir als Menschen die Welt überhaupt erkennen können. Auch hier hat Kant eine eigenwillige Lösung gefunden, mit der sich die Herrschaft über die Natur wunderbar begründen lässt. Erkenntnistheorie wird betrieben, weil Philosophen bis heute nicht verstehen können, warum wir überhaupt Bäume oder unsere eigenen Füße sehen können. Sie versuchen deshalb zu begründen, warum wir diese Gegenstände überhaupt wahrnehmen können. Kant nennt es immerhin einen Skandal, dass man die Existenz der Dinge um sich herum beweisen muss. Er geht davon aus, dass unsere Sinnesorgane dem Verstand nur ein ungeordnetes

Material liefern, aus welchem dieser dann etwas Erkennbares formt. Deshalb spricht er auch vom *Ding an sich*. Damit meint er die Welt außerhalb unseres Verstandes. Aber zu dieser Welt der Dinge an sich haben wir keinen Zugang. Unsere Sinnesorgane und unser Verstand wirken wie Filter, die uns den Blick auf die wahre Welt verwehren. Würden sie das nicht tun, wären wir einem furchtbaren Chaos ausgesetzt. Kant geht also davon aus, dass unser Verstand der Welt erst ihre Form verleiht. Diese philosophische Konstruktion führt ihn zu der eigenwilligen Aussage, dass der Verstand der Natur sogar die Gesetze *vorschreibe*. Kant behauptet tatsächlich, dass unser Verstand der Natur vorschreibt, wie sie zu funktionieren hat. Man kann sich das so vorstellen: Der vernünftige Mensch hat sich in einen kleinen Turm eingeschlossen, von dem aus er alles überblicken und kontrollieren kann. Alles was da draußen geschieht, wurde zuvor vom Verstand des Vernunftmenschen angeordnet. Im 18. Jahrhundert entstanden tatsächlich viele neue Überwachungstechniken, unter anderem auch das Panoptikum des Philosophen Jeremy Bentham (1748–1832). Das ist ein Modell für Gefängnisse oder Fabriken, in denen die Gefangenen oder die Arbeiter jederzeit beobachtet werden können, die Wächter aber unsichtbar bleiben. Von solchen Kontrollphantasien ist auch Kants Philosophie durchdrungen. Der aufgeklärte Mensch bildet sich ein, er könne sogar der Natur die Gesetze vorschreiben. Heute wissen wir, wohin dieser Traum von Omnipotenz geführt hat. Natürlich gab es nie einen omnipotenten Verstand, der die Natur herumkommandieren konnte. Technische Überlegenheit und Rücksichtslosigkeit führten zu dem Glauben, wir könnten der Natur die Gesetze vorschreiben. Kants völlig unrealistische Behauptung belegt eindrucksvoll, wie sehr auch seine Philosophie vom Gotteskomplex durchdrungen ist. Der Mensch seiner Zeit will die Abhängigkeit von der Natur und vom eigenen Leib um jeden Preis loswerden. Deshalb redet er sich einfach ein, dass er alles auf der Erde herumkommandieren könne. Kant rückt damit auch den Menschen endgültig ins Zentrum der Welt. War es früher unbestritten, dass es eine höhere Macht als den Menschen gibt, so hat jetzt der Mensch das Gefühl vollkommener Überlegenheit.

Kant versucht genau wie andere Philosophen vor ihm, die Stellung des Menschen in der Welt neu zu bestimmen. Der religiöse Glaube hatte zur Zeit der Aufklärung kaum noch Bedeutung, der weltweite Handel blühte und die Industrialisierung kam langsam in Schwung. Der Mensch konnte sich in dieser Situation weder einen Gott noch eine Natur leisten, die ihm Grenzen setzten. Das Projekt der Aufklärung versprach die völlige Unabhängigkeit des Menschen von allen höheren Kräften. Kant bestärkte die Gesellschaft in ihrem Drang nach Fortschritt und Eroberung, wenn er davon sprach, dass es der Verstand des aufgeklärten Europäers sei, der die Natur durchdringen und beherrschen könne. Natürlich kann in Wirklichkeit kein Mensch der Natur die Gesetze vorschreiben. Aber Kant selber lebte so, *als ob* er es könne. Der Mensch Immanuel Kant brauchte nicht zu akzeptieren, dass sein Körper Begehren und Lust verspürt. Denn der Vernunftmensch Kant schrieb seinem Körper vor, keinerlei sexuelle Empfindungen zu kennen. Der Mensch Immanuel Kant brauchte nicht zu akzeptieren, dass der Körper ein Bedürfnis nach Ruhe hat, welches abhängig von Jahreszeit und Befindlichkeit schwanken kann. Der Körper hatte dem vernünftigen Gesetz zu folgen, dass sieben Stunden jede Nacht zu genügen haben und tägliches Aufstehen um fünf Uhr vernünftig sei. Nach dem Aufstehen gab es der Gesundheit zuliebe nur dünnen Tee, obwohl der Philosoph Kaffee viel lieber mochte. Sein Nachbar war so freundlich, die Bäume regelmäßig zu stutzen, damit sich der Blick aus dem Fenster nicht veränderte. Als Kant sich einmal zu einer Kutschfahrt einladen ließ und danach zu ungewohnter Zeit nach Hause kam, war er derart in innere Unruhe geraten, dass er sich nie wieder von jemandem zu einer solchen Fahrt einladen lassen wird. Der gewohnte Tagesablauf war durcheinandergeraten, ein wahres Unglück für Kant. Alles wurde kontrolliert, nichts durfte dem Zufall überlassen bleiben oder vom Gewohnten abweichen.

Aber so wenig Kant sich von seinem Körper lösen konnte, so wenig konnte er der Sonne vorschreiben, wann sie aufzugehen hat. Aber er konnte sich immerhin einbilden, sein Verstand sei derart omnipotent. Kant behandelte seinen eigenen Körper so, wie der Wissenschaftler eine Pflanze im Labor behandelt. Dieser will etwas von der Pflanze, weshalb er beispielsweise ihre genetische Struktur verändert. Kant forderte von seinem Körper totale Disziplin und Unauffälligkeit im Alltag. Die Pflanze im Labor und der disziplinierte Körper dürfen keine eigene Stimme haben, denn sie werden vollkommen instrumentalisiert. Sie haben zu schweigen und zu gehorchen. Aber wie wir wissen, erzeugen Unterdrückung und Verdrängung nur neue Probleme. Der unterdrückte Leib meldet sich mit Neurosen und Ängsten, die Natur reagiert mit Veränderungen, die der Wissenschaftler überhaupt nicht eingeplant hatte. Kants Biograph Jachmann lobte an Kant, dass sich dieser alles versagen und er alles überwinden konnte, da er ganz Herr seiner selbst war. Die Böhmes können in diesem Urteil kein Lob erkennen:

> *«Was Jachmann hier als Triumph praktischer Vernunft feiert, ist das Phantasma eines Zwangscharakters. Im Streben nach Autarkie hat Kant sein sinnliches Dasein desensibilisiert und polizeiförmiger Kontrolle unterworfen.»* [*]

---

[*]   Hartmut Böhme und Gernot Böhme, *Das Andere der Vernunft*, Frankfurt am Main: Suhrkamp 1983, S. 443

Dieses ganze Disziplinierungsprogramm ist also keineswegs harmlos, denn es hat einen totalitären Charakter. Die Vernunft wird zum Wachpersonal, welches ständig den Körper wie einen Gefangenen überwacht. Deshalb hat Kant den Vernunftmenschen so konzipiert, dass er niemals nach Glück oder Lust strebt. Kant bürokratisiert den inneren Menschen, dieser ist rund um die Uhr im Dienst. Entspannung gibt es allenfalls im Tod. Denn an der Unsterblichkeit der Seele hielt Kant fest, um seinem Vernunftmenschen Hoffnung auf eine Belohnung zu machen.

Wenn man Kants Philosophie aber als logisch falsch zurückweist, übersieht man, dass sie einem bestimmten Menschentyp zur Macht verhelfen wollte. Die Frage, ob seine Theorien logisch richtig oder falsch sind, geht am Ziel des ganzen Vernunftprojekts vorbei. Die entscheidende Frage ist, ob wir nach diesem Vernunftprogramm leben wollen oder nicht. Kants einsamer Vernunftmensch, der von Gefühlen und von Glück nichts wissen will, was ist das für ein Mensch? Legt man die Einsichten der Psychoanalyse zugrunde, dann ist Kants Vernunftwesen stark narzisstisch geprägt. Ein Narzisst ist aber kein selbstverliebter, glücklicher Mensch. Vielmehr leidet er unter Gefühlen der Entfremdung und hat Angst vor echten menschlichen Beziehungen auf Augenhöhe. Kants Biographie zu verharmlosen bedeutet deshalb, auch sein Denken zu verharmlosen. Das abgrundtiefe Misstrauen gegen das eigene Selbst hat Kant auf alle anderen Menschen übertragen. Die Angst vor seinen Gefühlen, und sexuellen Regungen hat er mit einem regelrechten Vernunftregime bekämpft. Hartmut und Gernot Böhme:

«Es ist ein Leben der abgerungenen Höchstleistung, der vollständig dem Nützlichen unterworfenen Energien, der disziplinären Durchherrschung aller spontanen Antriebe und

leiblichen Befindlichkeiten im Namen der Selbsterhaltung der Vernunft.» *

Kant hat wirklich alles dafür getan, sich selber in einen reinen Vernunftmenschen zu verwandeln. Er hat ganz gezielt jede Spontanität und Lebensfreude durch Vernunfttechniken ersetzt. Im Alter gelangte er dann zu der Einsicht, dass er sein Leben auf keinen Fall wiederholen wolle. Eine traurige Bilanz für einen Menschen, der sein Leben doch vollkommen an der Philosophie ausgerichtet hat. Allerdings hätte man in dieser Lebensbilanz des alten Kant bereits früher eine Warnung vor seiner Moralphilosophie sehen können. Diese ist von seinem Leben eben nicht zu trennen. Leben und Denken haben sich bei Kant vollkommen durchdrungen.

Wir können jetzt festhalten: Die maßgeblichen Philosophen Platon, Descartes und Kant haben mit ihrer Isolierung der Vernunft der Menschheit einen fragwürdigen Dienst erwiesen. Es wird höchste Zeit, uns bei Epikur nach einer Alternative zu erkundigen.

---

* Hartmut Böhme und Gernot Böhme, *Das Andere der Vernunft*, Frankfurt am Main: Suhrkamp 1983, S. 431

Epikurs
menschenfreundlicher Garten

Jetzt haben wir die Möglichkeit, uns in Epikurs Garten von allzu viel Disziplin und Vernunft zu erholen. Epikurs Philosophie kommt in der Geschichte der Philosophie eine besondere Bedeutung zu. Sie ist eine Alternative zur Weltflucht und Weltverneinung seiner Kollegen. Sie ist lebensbejahend und menschenfreundlich, ohne die Schattenseiten des Lebens zu verdrängen. Im Gegensatz zu Platon, Descartes und Kant war er aber kein einflussreicher Denker. Aber es gab immer Menschen, die seiner Lehre gefolgt sind. Epikur hatte allerdings von Anfang an Gegner, die seine Philosophie falsch dargestellt haben. Später waren es christliche Philosophen wie Origenes, die seine Ethik als unmoralisch abqualifizierten. Wer war nun dieser Mann, dessen Denken so aus dem Rahmen fällt? Epikur wurde 342 v. Chr. auf der griechischen Insel Samos geboren. In Athen erwarb Epikur einen Garten, in dem er seine Schülerinnen und Schüler unterrichtete. Er hielt sich von der Politik fern und empfahl dies auch den Menschen, die sich für seine Philosophie interessierten.

Zu Lebzeiten Epikurs mag den Menschen der Unterschied zwischen seiner Lehre und den Ideen der anderen Philosophen noch nicht so drastisch erschienen sein. Heute können wir davon ausgehen, dass die europäische Geschichte anders verlaufen wäre, wenn sich statt des Platonismus die Philosophie Epikurs durchgesetzt hätte. Dessen Philosophie unterscheidet sich nicht nur in einigen Details vom platonischen Denken. Sie schlägt eine fundamental andere Richtung ein. Der grundlegende Unterschied liegt darin, dass Epikur die Menschen als Individuen anspricht und seine gesamte Philosophie eine Form individueller Lebenskunst darstellt. Sehr ungewöhnlich für damalige Verhältnisse ist die Tatsache, dass Frauen und Sklaven in Epikurs Schule willkommen waren. Das mag damals Misstrauen und Feindseligkeit erregt haben, denn immerhin stellte es die herrschende Gesellschaftsordnung infrage.

Epikur hat eine Ethik entwickelt, deren Ziel die Bejahung des Lebens im Hier und Jetzt ist. Allerdings war er weder ein manipulativer Glücks-Guru noch hat seine Lehre etwas mit moderner positiver Psychologie zu tun. Es geht Epikur nicht um einen dauerhaften Glücksrausch und auch nicht um die rücksichtslose Befriedigung unserer Lüste. Dieses Zerrbild seiner Philosophie wurde von seinen Gegnern verbreitet und findet sich auch heute noch in manchen Darstellungen. Das Studium seiner wenigen erhaltenen Schriften beweist, dass seine Ethik durchdacht ist und er nirgendwo Orgien und Völlerei empfiehlt. Vernunft und Denken sind auch für Epikur wichtige Werkzeuge, aber eben kein Selbstzweck. Im Mittelpunkt seiner Ethik steht die Schmerz- und Angstfreiheit. Eines der größten Übel sieht Epikur in der Angst des Menschen vor dem Tod. Deshalb ist es ein vorrangiges Ziel seiner Lehre, den Menschen diese Angst zu nehmen. Doch weder soll der Tod verdrängt, noch als das Tor zum wahren Leben idealisiert werden. Epikur fordert uns auf, über den Tod und seine Rolle für unser gegenwärtiges Leben nachzudenken. Wenn wir die Bedeutung des Todes für unser Dasein verstanden haben, wird die Angst vor ihm nachlassen. Das begründet Epikur so: Der Tod hat keine Bedeutung für uns, da uns nur Sachen betreffen, die wir wahrnehmen können. Jedoch geht der Tod mit dem Verlust der Wahrnehmung einher. Unser Leben bleibt deshalb vom Tod vollkommen unberührt. Wenn der Tod da ist, sind wir nicht da, solange wir aber da sind, ist der Tod nicht da. Das klingt zunächst etwas trivial, aber es lohnt sich, über diese Aussage zu meditieren. Als unbeteiligte Beobachter eines endlosen Fortschrittsprozesses – wie uns ja Max Weber genannt hat – werden wir mit diesem Gedanken nicht viel anfangen können. Nur wenn wir uns auf das Leben in der Gegenwart einlassen, können wir den Tod derart relativieren. Hier wird deutlich, dass Epikur den gespürten Leib nicht abtöten will. Denn er bindet unser Erleben an den lebendigen Körper. Der Körper ist deshalb für ihn auch kein notwendiges Übel, sondern die Bedingung unserer Existenz und des guten Lebens.

Epikur war ein Anhänger des Atomismus und kann deshalb als Materialist gelten. Er ging davon aus, dass alles auf der Welt aus unsichtbaren kleinen Einheiten besteht. Allerdings ist der antike Materialismus nicht vergleichbar mit dem, was wir heute unter dem Begriff verstehen. Die technische Zivilisation hat dazu geführt, dass dieser Begriff einen ziemlich unfreundlichen Klang bekommen hat. Wir sind heute primär von Beton, Kunststoffen und technischen Geräten umgeben, bedroht von Atomwaffen und Umweltverschmutzung. Die Erde ist mittlerweile ein beschädigter Planet. Im antiken Griechenland gab es Häuser aus Lehm und Stein, die restliche Umwelt war eine weitgehend intakte Natur.

Epikurs Naturphilosophie und sein Materialismus stehen ganz im Dienst seiner Ethik. Es ging ihm nicht darum, die Natur zu beherrschen um sie ausbeuten zu können. Er wollte den Menschen die Furcht vor der Übermacht der Natur nehmen, ohne in einen düsteren Pessimismus zu verfallen. Die Welt sei bei genauer Betrachtung so eingerichtet, dass der Mensch in ihr glückselig leben könne, wenn er nur ein paar Regeln beachte.

Mit der Entscheidung, die Lust zum maßgeblichen ethischen Kriterium zu machen, geht Epikur einen ganz eigenen Weg. Seine Philosophie gerät damit in einen radikalen Gegensatz zu allem, was wir bisher kennengelernt haben. Andere Philosophen wollten die Lust aus dem Leben verbannen. Neben den Platonikern hielten auch die historisch sehr einflussreichen Stoiker Lust und Gefühle für Grundübel, die es zu bekämpfen gilt. Nehmen wir als Beispiel die Ratschläge des Stoikers Epiktet (50–138): Er empfiehlt seinen Lesern, sich so wenig wie möglich mit ihrem Körper zu beschäftigen. Für Epiktet stand fest: Nur gemeine Menschen essen, trinken oder schätzen die Sexualität, weil es ihnen Lust bereitet. Der stoische Mensch zieht sich in den lustfreien Bereich des Geistes zurück. So härtet er sich gegen das Schicksal ab. Mitleid ist aus Sicht Epiktets schädlich, weshalb man es allenfalls vortäuschen solle. Das Leid anderer Menschen dürfe uns innerlich nicht berühren. Selbst beim Tod des eigenen Kindes oder der eigenen Frau solle man möglichst ungerührt bleiben. Die Stoiker sind die Vorläufer einer Kultur der Leidensverachtung. In der Neuzeit wurde die totale Auslöschung des Leidens zu einem gesellschaftlichen Ziel. Bei den antiken Stoikern scheint die Sache noch relativ harmlos zu sein. Doch in der technischen Zivilisation hat die von ihnen propagierte Haltung ganz andere Folgen. Die Dichterin Marie Luise Kaschnitz (1901–1974) beschreibt diese Haltung aus meiner Sicht sehr treffend in folgendem Gedicht:

Hiroshima
Der den Tod auf Hiroshima warf
Ging ins Kloster, läutet dort die Glocken.
Der den Tod auf Hiroshima warf
Sprang vom Stuhl in die Schlinge, erwürgte sich.
Der den Tod auf Hiroshima warf

Fiel in Wahnsinn, wehrt Gespenster ab
Hunderttausend, die ihn angehen nächtlich
Auferstanden aus Staub für ihn.

Nichts von alledem ist wahr.
Erst vor kurzem sah ich ihn
Im Garten seines Hauses vor der Stadt.
Die Hecken waren noch jung und die Rosenbüsche zierlich.
Das wächst nicht so schnell, dass sich einer verbergen könnte
Im Wald des Vergessens. Gut zu sehen war
Das nackte Vorstadthaus, die junge Frau
Die neben ihm stand im Blumenkleid
Das kleine Mädchen an ihrer Hand
Der Knabe der auf seinem Rücken saß
Und über seinem Kopf die Peitsche schwang.
Sehr gut erkennbar war er selbst
Vierbeinig auf dem Grasplatz, das Gesicht
Verzerrt von Lachen, weil der Photograph
Hinter der Hecke stand, das Auge der Welt.

Dieses Gedicht erzählt auch von der Verwirklichung eines stoischen
Ideals. Denn der stoische Mensch soll sich möglichst unempfindlich gegen alle Gefühle machen, da er sie als Schwäche empfindet
und sie außerdem seine Selbstmächtigkeit untergraben. Der Stoiker
ist zwar nicht per se ein Menschenfeind. Sein Fatalismus sollte ihn
zunächst nur innerlich unempfindlich gegenüber dem Schicksal
machen. Aber er macht sich eben auch unempfindlich gegenüber
dem Leid anderer Menschen. Auch Immanuel Kant lobte erwar-
tungsgemäß die Apathie (Unempfindlichkeit) der Stoiker und warnt
sogar davor, mit dem besten Freund Mitleid zu empfinden. Die
stoische Philosophie erfreut sich noch immer großer Beliebtheit.

Wer sich auf sie einlässt sollte aber bedenken, dass die Sozialpsychologie längst gezeigt hat, dass Menschen auch aus der Unterdrückung von Gefühlen und Trieben einen erheblichen Lustgewinn ziehen können. Denn Herrschaft über sich selber ist so wenig wie Herrschaft über andere eine neutrale Angelegenheit. Es gibt keine Handlung, die nicht von irgendwelchen Empfindungen oder Lustgefühlen begleitet wird. Ein Mensch der gar nichts mehr spürt, hat auch keinen Antrieb mehr zu handeln.

Epikurs Philosophie will von stoischer Abstumpfung nichts wissen. Seine Ethik führt nicht zu einer totalen Versachlichung und Technisierung der Welt. Da Epikur neben der Vernunft auch Lust und Gefühle gelten lässt, würde seine Ethik unsere Gesellschaft in eine ganz andere Richtung führen, als der herrschende Stoizismus. Die Hochschätzung der Lust hat Epikur viele Feinde beschert. Diese unterstellten ihm, er würde den Menschen zu Völlerei und Orgien raten. Dabei beugt Epikur selber solchen Missverständnissen deutlich vor. In seinem Brief an Menoikeus schreibt er:

> «Wenn wir also sagen, dass die Lust das Ziel sei, meinen wir nicht die Wollust der Unersättlichen und die Lüste, die sich auf oberflächlichen Genuss beschränken, wie einige aufgrund von Unkenntnis und Ablehnung oder aus Missverständnis meinen, sondern die Freiheit von körperlichem Schmerz und seelischer Unruhe... Der Ursprung all dieser Überlegungen und das höchste Gut ist die Vernunft.» [*]

---

[*] Epikur, *Wege zum Glück*, Düsseldorf/Zürich: Patmos 2005, S. 120

Hätte Epikur den Menschen tatsächlich empfohlen, jedem Lustgefühl nachzugeben, dann wäre seine Ethik eine Trivialität. Man könnte sie dann auf den Satz reduzieren: Mach einfach, was du willst. Aber Epikur bindet den Umgang mit der Lust an die vernünftige Überlegung. Denn er geht davon aus, dass man nicht vernünftig leben könne, ohne lustvoll zu leben, aber ebenso wenig ein lustvolles Leben denkbar sei, das nicht von Vernunft geleitet ist. Offensichtlich hat Epikur einen eigenen Begriff von Lust, denn von Natur aus stimmen ja unsere Wünsche und Vernunft nicht immer überein. Er schlägt daher Übungen vor. Moderne Ethik will allein durch Argumente und reine Logik überzeugen. Das kann in einzelnen Situationen kurzfristig erfolgreich sein. Wenn wir uns selber aber nachhaltig verändern wollen, kommen wir um Übungen nicht herum. Verhaltens- und Denkweisen sind in Form eingefleischter Verhaltensmuster Teil unserer Persönlichkeit geworden. Nur durch Übung lassen sich diese Muster verändern.

Epikurs Garten war sicher ein angenehmer Ort, um sich solchen Übungen zu unterziehen. Epikur gab seinen Schülern den Ratschlag, im Verborgenen zu leben. Ein Leben im Sinne seiner Ethik hielt er offensichtlich für unvereinbar mit den herrschenden Wertvorstellungen. Da er auch Frauen und Sklaven als Schülerinnen und Schüler aufnahm, schien er von den Konventionen seiner Zeit nicht viel zu halten. Folgende Einsicht könnte Epikur geleitet haben: Tue was du für richtig hältst, auch wenn es nicht der allgemeinen Meinung entspricht. Das ist Individualethik in ihrer besten Form. Ein braver Athener Bürger wäre dagegen mit Kants kategorischem Imperativ gut beraten gewesen. Er hätte kaum wollen können, dass die Gleichbehandlung von Frauen und Sklaven ein allgemeines Gesetz werde. Das hätte ja die gesamte gesellschaftliche Ordnung auf den Kopf gestellt.

Beschäftigen wir uns nun genauer mit Epikurs Konzept der Lust. Denn dieser Begriff bildet das Zentrum seiner Philosophie. Wenn wir heute von Lust sprechen, dann meistens im Sinne von *Lust auf etwas haben*. Epikur bezieht sich auch auf solche Lüste, doch es geht ihm auch um subtilere Empfindungen.

Wir haben bereits gesehen, dass Vernunft und Lust einander bedingen. Wer vernünftig lebt, der lebt auch lustvoll. Wie bringt man nun aber Vernunft und Lust in Übereinstimmung? Vor allem, indem man sich nicht von Ängsten oder Schmerzen beherrschen lässt. Denn vor allem diese beiden Zustände sind es, die uns den Schlaf rauben. Sind aber Angst und Schmerz beseitigt, dann tritt die Seelenruhe ein. Nun sind wir heute aber wahre Profis in der Schmerzbekämpfung. Aber trotzdem leben wir nicht lustvoll im Sinne Epikurs. Epikur erklärt jedoch, dass zwar jeder Schmerz ein Übel sei, wir aber trotzdem nicht alle Schmerzen meiden sollten.

> «Wir geben auch vielen Schmerzen den Vorzug vor Lustempfindungen, sobald wir nach langem Aushalten von Schmerzen mit einer größeren Lust rechnen können.» [*]

Es kann nicht nur dem guten Leben abträglich sein, jeden Schmerz zu bekämpfen. Folgt man Epikur, dann kann es sogar in manchen Fällen vorteilhaft sein, Schmerzen auszuhalten. Wer alle Schmerzen meidet, dem droht ein lustloses Leben. Mit diesem Problem werden wir uns später eingehend beschäftigen. Epikur betont zwar ausdrücklich, dass jeder Schmerz ein Übel sei. Daraus folgt für ihn aber nicht, dass wir absolut schmerzfrei leben sollen.

---

[*]   Epikur, *Wege zum Glück*, Düsseldorf/Zürich: Patmos 2005, S. 119

Für uns moderne Menschen stellt sich die Frage, wie wir Zeiten ohne starke äußere Reize als lustvoll empfinden können. Das ist ein Punkt, an dem die Lustlehre Epikurs immer wieder zu Missverständnissen führen muss. Unser modernes Leben ist einer Steigerungslogik unterworfen, die sich auch unmittelbar auf die einzelnen Menschen auswirkt. Wir leben heute überwiegend fixiert auf die Außenwelt. Unsere Aufmerksamkeit für das Eigenleben des Leibes ist nicht geschult. Lust bereiten uns vor allem starke Reize. Damit beginnen die Probleme, denn wer nur noch starke Reize empfinden kann, wird die Reiz-Dosis langsam erhöhen müssen. Das setzt den modernen Teufelskreis der Jagd nach immer stärkeren Glücksgefühlen in Gang.

Ohne es zu ahnen, hat Epikur mit seiner Lehre von der Lust auch eine ökologische Ethik entworfen. Denn er behauptet, dass Verzicht sogar glücklich machen kann:

> «Auch die Unabhängigkeit von äußeren Dingen halten wir für ein großes Gut, nicht um uns in jeder Lage mit Wenigem zufrieden zu geben, sondern um, wenn wir das Meiste nicht haben, mit dem Wenigen auszukommen, weil wir voll davon überzeugt sind, dass jene, die den Überfluss am meisten genießen, ihn am wenigsten brauchen, und dass alles Natürliche leicht, das Sinnlose aber schwer zu beschaffen ist und das eine einfache Brühe die gleiche Lust bereitet wie ein üppiges Mahl, wenn jede Schmerzempfindung, die durch Mangel hervorgerufen wird, beseitigt ist...»[**]

[**] Epikur, *Wege zum Glück*, Düsseldorf/Zürich: Patmos 2005, S. 119

Nicht um uns in jeder Lage mit Wenigem zufrieden zu geben – das ist eine Bemerkung, die ich hervorheben möchte. Es geht nicht um freiwillige Armut oder ein Leben mit dem Allernotwendigsten, wie es etwa der Philosoph in der Tonne, Diogenes von Sinope (412–323 v. Chr.), vorgelebt hatte. Vielmehr gilt auch hier: Bedenke die Folgen deines Handelns, aber lebe nicht nach starren Dogmen. Besonders aktuell und bedenkenswert ist die Feststellung Epikurs, wonach das Natürliche leicht, das Sinnlose aber schwer zu beschaffen sei. Der Sinn von Konsumgesellschaften besteht bekanntlich darin, ständig Sinnloses zu beschaffen. Epikur könnte sich bestätigt fühlen, wenn er unsere Fabriken, die Weltmeere voller Öltanker und die verwüsteten Stätten der Rohstoffgewinnung besichtigen könnte. Natürlich waren ökologische Probleme in dieser Form zur Zeit Epikurs unbekannt. Aber von Epikur kann man trotzdem lernen, dass Überfluss und permanente Steigerung niemals unserem Glück dienen. Ein Mensch kann nicht mehr als satt sein. Wenn ein Bedürfnis befriedigt ist, dann stellt sich Glückseligkeit ein, sofern man in das leibliche Spüren eingeübt ist. Ein Menu mit sechs Gängen befriedigt den Hunger ebenso, wie ein gutes, aber einfaches Gericht.

Ganz unverständlich scheint zunächst Epikurs Aufforderung, alle Bildung zu fliehen. Wünschte er sich wirklich eine Gesellschaft ungebildeter Menschen? Wohl kaum, dann hätte er nicht selber über hundert Bücher geschrieben (die alle verloren sind, erhalten sind nur Briefe und Fragmente). Diese Aufforderung bezieht sich auf jede Form von Wissen, die nicht dem guten Leben dient. Vor allem war es eine Warnung vor der damals populären Philosophie Platons. Diese war wohl auch in Epikurs Augen ungeeignet, die Menschen mit dem Leben zu versöhnen. Wollte man diesen Gedanken auf die heutige Zeit übertragen, dann müsste man davor warnen, sich blind mit dem wissenschaftlichen Fortschritt und den Bildungsidealen unserer Zeit zu identifizieren. Wir sollten nicht vergessen, dass wir Wissen immer nur *haben* können, selber aber als Menschen *sein* müssen. Wir sollten uns daher fragen, in welchem Verhältnis das, was wir und unsere Kinder lesen und lernen zu unserem wirklichen Leben steht. Bildung ist heute ebenso wie das restliche Leben primär auf ökonomische Verwertbarkeit ausgerichtet. Man lernt nicht, um ein zufriedener oder besserer Mensch zu werden, sondern um sich am Markt zu behaupten.

Epikur lehrt uns, mit dem Augenblick in Berührung zu kommen, um das Dasein im Hier und Jetzt zu genießen. Denn genau diese Fähigkeit haben sich die Menschen über einen langen Zeitraum abtrainiert. Es ist kein Zufall, dass die Ethik Epikurs in der Geschichte eine solche Randexistenz geführt hat, während sich kaum jemand an den totalitär anmutenden Machtphantasien Platons gestoßen hat. Für Epikur war der Körper kein notwendiges Übel, von dem man sich fernhalten sollte. Im Gegenteil: Ohne Gefühle und Lustempfindungen ist an ein gutes Leben überhaupt nicht zu denken. Epikurs Ethik führt zu einem gemäßigten und reflektierten Umgang mit sich und anderen, aber nicht zu einer totalen Herrschaft über Leib und Natur.

Wird Neu-Atlantis zur Realität?

Die Entsinnlichung der Welt

Der Kampf einflussreicher Philosophen gegen den Leib ist längst Geschichte. In der Neuzeit bildet sich ein Menschentyp heraus, der keine Theorien über die Trennung von Leib und Seele mehr braucht. Die Philosophen Theodor W. Adorno und Max Horkheimer sprechen in ihrem berühmten Buch *Dialektik der* Aufklärung von einem *stoischen, kalten Charakter,* der sich in der Neuzeit durchgesetzt habe. Dieser Menschentyp zeichnet sich durch einen geradezu aggressiven Optimismus aus, der durch nichts zu erschüttern ist. Jeder Zweifel wird vom ihm so bedenkenlos ausgerottet, wie Menschen und Tiere, die nicht gebraucht werden. Die atemberaubend schnelle Entwicklung der Technik wurde von nun an bedenkenlos vorangetrieben. Es war ein kurzer Weg von einfachen Kriegsgeräten bis zur Atombombe, von den ersten lächerlichen Flugversuchen zur modernen Drohne.

In diesem Kapitel zeige ich, wie das Weltbild der Naturwissenschaft uns als Individuen heute prägt. Wissenschaft und Technik sind nicht bloß Werkzeuge in der Hand des Menschen. Sie greifen auch tief in unser Dasein ein, bis zur Strukturierung unseres Innenlebens. Wenn man sich mit der Geburt der Naturwissenschaft in Antike und Renaissance beschäftigt, erkennt man ihre Möglichkeiten und ihre Grenzen. Das Beste, was sie leisten können, ist die Verbesserung einzelner Lebensbereiche. Von ihr aber in religiöser Manier die Überwindung des Menschseins zu erwarten, ist schlicht infantil. An den Beispielen Hirnforschung und Transhumanismus werde ich diesen Aspekt näher beleuchten.

Moderne Gesellschaften sind bekanntlich Wissensgesellschaften. Nicht körperliche Arbeit, künstlerische Intuition oder Solidarität zwischen den Menschen sind die treibenden Kräfte des Fortschritts, sondern die Vermehrung von Wissen, welches wiederum zu technischen Innovationen und noch mehr Wissen führt. Das Wissen ist während der letzten Jahrhunderte wahrhaft explodiert. Früher war es noch möglich, in einer einzigen Bibliothek das gesammelte Wissen der Welt unterzubringen. Würde man das heute versuchen, müsste die Bibliothek gigantische Ausmaße haben. Alleine die größte Online-Enzyklopädie Wikipedia verfügt gegenwärtig über etwa 2,5 Millionen deutschsprachige Artikel. Wenn man sich entschließt, jeden Tag einen Artikel zu lesen, so wäre man siebentausend Jahre lang beschäftigt. Doch um das Jahr 9000 hätte man dann auch nur einen jämmerlichen ersten Überblick über das Wissen im frühen 21. Jahrhundert, denn die Artikel enthalten eben nur einen Bruchteil des heutigen Wissens und verweisen wiederum auf Millionen anderer Quellen außerhalb der Enzyklopädie. Wenn man das bedenkt, dämmert einem, dass es auch dem größten Genie niemals mehr möglich sein wird, das Wissen unserer Zeit zu erwerben und sein Leben darauf zu gründen. Und doch leben wir tendenziell so, *als ob* dies möglich sei. Das Corona-Virus hat gezeigt, dass manche Menschen in Krisenzeiten nicht abgeneigt sind, die Demokratie gegen eine Expertokratie zu tauschen. Das liegt an dem Glauben, dass eine von Experten und Wissenschaftlern gesteuerte Gesellschaft perfekt funktionieren würde. Doch die Sehnsucht nach Sicherheit und einer vollkommen treffsicheren Politik würde schnell enttäuscht werden, was in der Natur der Sache liegt. Denn eine Gesellschaft ist kein geschlossenes Labor. Ihre Entwicklung lässt sich nicht einmal annähernd genau mit wissenschaftlichen Methoden voraussagen. In einer Expertokratie würden den Entscheidungsträgern jeden

Morgen die neuesten Zahlen und Statistiken vorgelegt werden. Aber was folgt aus den endlosen Zahlenreihen, was genau wäre zu tun? Das sagen die Zahlen nicht, denn das ist natürlich eine Frage von Abwägen, von Verhältnismäßigkeit und auch subjektivem Empfinden. Ansonsten wären Begründungsketten wie die folgende an der Tagesordnung: Es gibt steigende Kriminalität, die Menschen müssen vor Kriminalität geschützt werden, also *müssen* wir eine Ausgangssperre verhängen. So würden nur unmenschliche Technokraten handeln. *Humane* Politik ist niemals vollkommen richtig oder vollkommen falsch, denn sie ist das Ergebnis menschlichen Abwägens und damit auch menschlicher Unvollkommenheit. Wenn wir die subjektive Seite vernachlässigen, dann vernachlässigen wir auch die Humanität. Doch Naturwissenschaft konnte überhaupt nur entstehen, weil das persönliche Erleben des Menschen zugunsten mathematischer Berechenbarkeit entwertet wurde. Gehen wir der Frage nach, wie das überhaupt möglich war.

Die ersten Naturforscher der Antike versuchten die ganze Welt auf bestimmte Prinzipien zurückzuführen. Denn sie standen der gesamten Natur wie einem großen Rätsel gegenüber. Ihre einzigen Erkenntniswerkzeuge waren die Sinnesorgane und der Verstand. Für die Entwicklung des modernen wissenschaftlichen Denkens hat der griechische Philosoph Demokrit (460–371 v. Chr.) herausragendes geleistet. Er hat eine grundlegende Unterscheidung eingeführt, die unser Weltbild bis heute prägt. Damit war ein kleiner, aber entscheidender Schritt auf dem Weg zur Naturbeherrschung in der Neuzeit getan. Demokrit legte fest, dass nicht alle Sinneseindrücke den gleichen Wert haben sollen. Es klingt erstaunlich einfach, und doch scheint vor ihm niemand auf diese Idee gekommen zu sein. Hermann Schmitz hat diese Entdeckung Demokrits so beschrieben:

«Wenn jemand feste Körper im zentralen Gesichtsfeld zählt oder misst – auch das Messen ist ein Zählen – und dann er selbst oder ein anderer diese Operation wiederholt, pflegt das Ergebnis nicht so zu schwanken, wie das Urteil über Farben oder gar über atmosphärische Stimmungen...» [*]

Demokrit stellte fest, dass sich bestimmte Operationen wiederholen lassen, weshalb man bestimmte Aussagen verallgemeinern kann. Das lässt sich an zwei Beispielen verdeutlichen: Wenn man öfter die Körpertemperatur eines Menschen misst, so bewegt sie sich immer um etwa 37 Grad. Wenn verschiedene Menschen die Bäume einer langen Allee zählen, wird die Anzahl der gezählten Bäume nie extrem voneinander abweichen. Diese frühe Beobachtung Demokrits ist zwar nicht falsch, doch zeigt sie eines ganz deutlich: Wissenschaft strukturiert die Natur auf eine bestimmte Weise, um ihr Ziel zu erreichen. Um zu vergleichbaren und relativ stabilen Ergebnissen zu kommen, darf sie nur ganz bestimmte Daten überhaupt gelten lassen. Was sich nicht messen lässt, bleibt bis heute außerhalb des Gesichtsfelds des Wissenschaftlers. Die Stimmung rund um die Allee kann wissenschaftlich nicht erfasst werden; ob der Mensch, dessen Temperatur man misst, bedrückt oder fröhlich ist, lässt sich ebenfalls nicht messen. Alles was wir *nur an uns* erleben, wird mit Demokrits Methode in das Privatleben abgedrängt. Wir hatten ja schon festgestellt, dass man den Hunger nur spüren, aber nicht messen oder wiegen kann. Das gleiche gilt für alles, was wir an uns selber spüren. Aber Demokrit hatte natürlich ein Problem zu lösen: Wohin mit den ganzen persönlichen Eindrücken, die wir ständig haben? Wohin also mit unserer Individualität? Wegzaubern kann sie auch ein Philosoph nicht. Praktischerweise hatten die Griechen

---

[*]   Hermann Schmitz, *Leib und Gefühl*, Paderborn: Junfermann 1989, S. 302

gerade erst die Seele als eine Instanz im Menschen erfunden. Hermann Schmitz:

> *«Was nicht mess- und zählbar ist wandert als ´bloß subjektiver´ Abfall in die vom menschlichen Selbstermächtigungsstreben bereitgestellte Seele, die damit zum Sammelbecken des Scheinhaften, des nicht ganz ernst und nicht als wirklich zu Nehmenden, herabsinkt.»* [**]

Was Wissenschaft nicht erfassen und beschreiben kann, das ist so bedeutsam wie die Gespräche kleiner Kinder. Allerdings verdanken wir diesem *Scheinhaften* die gesamte Welt der Kunst. Künstler sind eben Menschen, die kindisch genug sind, ihre subjektiven Eindrücke ernst zu nehmen. Nun könnte man natürlich sofort folgern, dass jede Theorie und jede Meinung als richtig anzuerkennen sei, wenn man wirklich alles Subjektive gelten lassen soll, anstatt es derart abzudrängen. Unsere Öffentlichkeit ist schließlich geprägt vom Streit über alternative Fakten oder sogenannte Verschwörungstheorien. Wenn alles Subjektive wahr sein soll, dann müsste man doch alle Theorien als gleichwertig anerkennen, egal was sie aussagen. So einfach ist es aber nicht. Denn entscheidend ist: Was da heute so alles diskutiert wird, sind keine bloßen Eindrücke, sondern Schlussfolgerungen und Kausalketten. An einem einfachen Beispiel sollte deutlich werden, was ich meine: Ich kann meinen Nachbarn furchtbar unsympathisch finden, ohne weitere Begründung. Das wäre ein subjektiver Eindruck, der keiner Rechtfertigung bedarf. Aber ihm deshalb zu unterstellen, er plane den 3. Weltkrieg, wäre

---

[**] Hermann Schmitz, *Leib und Gefühl*, Paderborn: Junfermann 1989, S. 302

kein Eindruck mehr, sondern eine Behauptung, die sich aus meinem Eindruck nicht ableiten lässt.

In der griechischen Antike begann also das Zurückdrängen des Innenlebens des Menschen zugunsten eines überpersönlichen Wissens. Man müsste Demokrit natürlich fragen, warum das Messbare realer sein soll, als die unmittelbare, sinnliche Erfahrung von Geräuschen oder der gespürte Hunger. Das ist ja keinesfalls selbstverständlich. Wir hören doch heute die Zikaden singen, wenn wir durch Demokrits Heimat wandern. Und wer würde bestreiten, dass alle Menschen diese Geräusche hören können? Darauf würde Demokrit vermutlich antworten: Wir hören sie alle, das kann ich gar nicht bestreiten. Aber kannst du die Empfindungen, welche die Zikaden in dir auslösen, exakt bestimmen und das Ergebnis dann aufschreiben? Wohl kaum. Wir müssen beide gemeinsam hier sitzen und das Geräusch hören. Nur dann können wir uns darüber verständigen, dass es da ist. Aber diesen Tempel dort, den kann ich vermessen, seinen Umfang bestimmen und die Daten in einem Buch über Architektur allgemein formulieren. Dann können Baumeister überall auf der Welt ihn nachbauen. Das eine ist unser individuelles Leben, das andere wahre Wissenschaft.

Ist das wirklich überzeugend? Krach oder Gestank können doch so aufdringlich sein, dass uns in dem Moment alle exakten Wissenschaften gleichgültig sind. Es handelt sich eben um eine Wertung, nicht um absolute Wahrheiten, wenn Demokrit bestimmte Eindrücke für bedeutender hält als andere. Diese Wertung ist uns längst in Fleisch und Blut übergegangen. Bei einer ärztlichen Untersuchung sind heute objektive Eindrücke die einzige Quelle für eine Diagnose. Dem eigenleiblichen Spüren kommt keine Bedeutung zu. Das ist kein Grund, die moderne Medizin vollkommen abzulehnen, aber es zeigt ihre methodische Einseitigkeit. Nun gibt es aber auch ganz schlaue Menschen, die schlicht und einfach behaupten, man könne auch subjektive Eindrücke wie Glück, Freude oder Trauer exakt messen. Selbst die Lebenskunst wollen manche schon mittels Fragebogen messen können. Das ist keineswegs so harmlos wie es scheint, denn es entspricht den Vorstellungen der Disziplinargesellschaft. Diese verfolgt leider das Ziel, den Menschen zu normieren und anzupassen. Dazu muss sie ihn soweit wie möglich berechenbar machen.

Von Demokrit haben wir jetzt erfahren, dass man subjektive Empfindungen nicht messen kann. Noch klarer wird es, wenn wir uns kurz mit den Gedanken des Philosophen Heraklit (544–483 v. Chr.) beschäftigen. Der ihm zugeschriebene Spruch *panta rei – alles fließt* kennt fast jeder. Zunächst scheint es eine einfache Weisheit zu sein. Es bewegt sich eben alles um uns herum, heute noch viel mehr als zur Zeit des Heraklit. Es gibt die Jahreszeiten, die Sterne kreisen am Himmel, Tiere und Menschen werden geboren und sterben. Hat Heraklit also nur eine Binsenweisheit formuliert? Keineswegs, denn genau dieses Werden und Fließen stand den ersten Wissenschaftlern im Weg. Sie wollten ja allgemein gültige Gesetze finden, die auf jeden Menschen, jedes Tier, jeden Stein zutreffen. Mit Heraklits Weltsicht aber hat man es nun mit lauter Einzeldingen zu tun, denen wir beim Entstehen und Vergehen zuschauen können. Ein Mensch verändert sich, vielleicht nicht täglich, aber über längere Zeiträume verändern wir uns alle. Wer der Welt bei ihrem ewigen Werden und Vergehen zuschaut, der meditiert einfach nur, aber er betreibt keine Wissenschaft. Schon Aristoteles (384–322 v. Chr.) hatte erkannt, dass mit Heraklits Philosophie keine Wissenschaft zu machen ist. Wenn man sich nur an das Werden hält, gibt es einfach keine allgemeinen Wahrheiten, die immer und überall gelten sollen. Außer eben der einen Wahrheit: Alles fließt. Wenn das aber wahr ist, wird man dann dem Anatomen noch glauben, wenn er davon spricht, *den Menschen* zu erforschen, obwohl er doch nur eine einzelne Leiche seziert? Kann ein toter Mensch über Millionen lebendiger Menschen Auskunft geben? Die Widersprüche und Grenzen von Wissenschaft springen schon hier ins Auge. Wenn alles fließt, dann verändert sich die Welt nicht nur permanent, sondern sie vermischt sich auch ständig. Das macht sie bunt und interessant. Deshalb führen die Naturwissenschaften niemals zu Erkenntnissen über *die Welt*. Sie können nur einzelne, isolierte Strukturen innerhalb der Welt beschreiben.

Nicht die respektvolle Beobachtung der Natur wurde zur Triebfeder der Wissenschaft, sondern der Wunsch nach Naturbeherrschung und Ausbeutung. Mit der Neuzeit betrat der technisch orientierte Mensch endgültig die Bühne der Welt und entdeckte den praktischen Wert systematisch erworbenen Wissens. Aber das genügte ihm nicht. Er träumte davon, die Welt durch Wissen und Technik vollständig zu beherrschen. Das zu erobernde Land hieß Natur, die Methode war das Experiment. Die entscheidende Herausforderung bestand darin, nicht bloß wahllos die Vorgänge in der Natur zu beobachten, sondern an diesen Vorgängen allgemeine Gesetze zu entdecken und aus ihnen die richtigen Schlüsse zu ziehen. Das ist die Etablierung des mechanistischen Weltbildes, in dem die Natur zu einer großen, gefühllosen Maschine wird.

Wir befinden uns jetzt im Florenz des späten 15. Jahrhunderts, wo Leonardo da Vinci (1452–1519) malt, experimentiert und philosophiert. Er war nicht nur der berühmte Maler, sondern auch Philosoph, Architekt, Anatom und Astronom. Als Philosoph nimmt Leonardo eine entscheidende Korrektur am Weltbild seiner Vorgänger vor. Er weist die Philosophie Platons teilweise zurück, denn es sei eitel an eine rein geistige Welt zu glauben. Nur was durch die fünf Sinne zu uns gelange, könne als sichere Erkenntnis gelten, so Leonardo. Ideen wie Gott und Seele hingegen seien ungewiss, sie entstammen der Welt des Geistes und der Phantasie. Noch nie hat jemand einen Gott gesehen, das gleiche gilt für die Seele. Heute dürfte dieser Gedanke Leonardos viele Menschen überzeugen: *Gott* oder *Seele* sind zu Privatangelegenheiten geworden, sie passen eben nicht in ein streng wissenschaftliches Weltbild. Was Leonardo damit zurückweist, ist die uralte philosophische und theologische Frage danach, was die Welt als Ganze ausmacht. Diese Bereinigung des wissenschaftlichen Weltbildes war ein enorm wichtiger Schritt auf dem Weg zum modernen Labor. Die Welt in ihrer Gesamtheit ist niemals Untersuchungsgegenstand der Wissenschaften. Wissenschaft muss immer abstrahieren und isolieren. Wir erwarten heute von den Naturwissenschaften die Lösung aller Rätsel dieser Welt, obwohl wir ihr diese Kompetenz zuvor entzogen haben. Leonardo hatte deutlich erkannt, dass man von Naturwissenschaftlern keine Antworten auf metaphysische Fragen erwarten dürfe.

Die Abwendung von den großen Fragen der Menschheit zahlte sich aus. Denn die Naturwissenschaft wurde umso erfolgreicher, je mehr sie sich auf kleinste Details konzentrierte. Aber was ist mit dem Sinn des Lebens? Können wir überhaupt in einer Welt leben, die uns völlig unbekannt ist? Ist das Weltbild der Wissenschaften nicht zutiefst unbefriedigend für den einzelnen Menschen? Leonardo dürfte am einseitig mechanistischen Weltbild noch nicht gelitten haben, wenngleich er schon vor dessen Folgen warnte.

Er beobachtete aber als Maler seine Umwelt sehr genau. Die Sinnesorgane erschienen ihm wie Werkzeuge, die man nur richtig gebrauchen müsse. Er entdeckt die Fähigkeit des Menschen, die

Natur mit mathematischer Genauigkeit zu beobachten. Und diese Art der Beobachtung sei der Weg, um zu neuen Erkenntnissen zu gelangen. Hier scheint das Denken des Demokrit wieder durch. Allerdings lebte Leonardo in einer Epoche, die weniger an Theorie als an Praxis interessiert war. Daher hat er sich auch sehr intensiv mit Maschinen und Kriegsgeräten beschäftigt und ihre Funktionsweise sehr exakt beschrieben. Leonardo wird oft als technisches Genie im Geiste unserer Zeit dargestellt. Allerdings hat der amerikanische Technikphilosoph und Historiker Lewis Mumford (1895–1990) eine bedeutende Bemerkung über Leonardo gemacht. Dieser sei mit anderen Erfindern und heutigen Ingenieuren überhaupt nicht zu vergleichen, da er die destruktive Seite der Technik klar gesehen habe. Mumford schreibt:

> «*Hätte man Leonardos Beispiel tatsächlich befolgt, so wären Natürlichkeit, Mechanisierung, Organisierung und Humanisierung Hand in Hand gegangen.*»[*]

Leonardo habe den eigenen Ehrgeiz bewusst gezügelt. Denn er habe vorausgesehen, welche Entmenschlichung der Welt drohe, wenn die Menschen die Kräfte der Natur einseitig freisetzen würden. Das sei auch der Grund, warum Leonardo zu Lebzeiten zwar viel geschrieben, aber nichts veröffentlicht habe. Er habe eine Art Selbstzensur geübt, um keine Idee mit unerwünschten Folgen in die Welt zu setzen. Doch sei Leonardo mit seiner Haltung eine seltene Ausnahme gewesen. Würde man ihn den heutigen Wissenschaftlern und Technikern als Vorbild empfehlen, müsse man mit wütenden Reaktionen rechnen, so Mumford.

---

[*] Lewis Mumford, *Mythos der Maschine*, Frankfurt am Main: Fischer 1977, S. 517

Kommen wir damit zu einem Philosophen, der als perfektes Vorbild dienen könnte. Der englische Politiker und Philosoph Francis Bacon (1561–1626) ist der Begründer einer neuen Sicht auf Wissenschaft und Technik. Bacon hat seine Philosophie unter folgendes Motto gestellt: *Wissen ist Macht.* Die bisherige Philosophie ist auch ihm zu theoretisch. Er will nicht wissen, was die Welt im Innersten zusammenhält. Bei ihm hat die Philosophie jeden meditativen Charakter verloren. Die Philosophie soll die Welt nicht mehr erklären, sondern sie verändern. Bacon setzte alle Hoffnung auf die Entfaltung der Technik, welche bei ihm bereits einen Erlösungscharakter hat. Bacon hat seine Vision einer technisch perfekten Gesellschaft in dem Buch *Neu-Atlantis* beschrieben. Für ihn war das neue Atlantis eine paradiesische Utopie, uns modernen Menschen kommt dieses Paradies irgendwie bekannt vor: Pflanzen werden so manipuliert, dass die Ernte jederzeit möglich ist, Tiere werden künstlich hergestellt, es gibt U-Boote, Flugzeuge und chemisch erzeugte Nahrung. Tierversuche dienen dem Fortschritt der Medizin, Kriege werden mit perfekten Waffensystemen geführt. Besonders interessant sind aus heutiger Sicht die 500 Meter hohen Wolkenkratzer, sind diese doch der reinste Ausdruck von Machtstreben und unbändigem Ehrgeiz. Bacon glaubte tatsächlich, dass die Menschheit durch eine entfesselte Technik glücklich werden könne. Sorgen vor einer Dehumanisierung plagten ihn nicht. In Neu-Atlantis gibt es eine riesige, zentrale Forschungseinrichtung, ein Vorläufer der heutigen Universität. Deren Auftrag formuliert Bacon so:

> *«Die Erweiterung der menschlichen Herrschaft bis an die Grenzen des überhaupt Möglichen.»* [**]

[**] Francis Bacon, *Neu-Atlantis. In: Der utopische Staat*, Reinbek bei Hamburg: Rowohlt 2008, S. 205

Der Philosophiehistoriker Karl Vorländer beschreibt Bacon als einen Menschen, der nur nach Ehre, Reichtum und Macht strebte, der Philosoph Hegel bezeichnet ihn als *verdorbenen Charakter*. Die Philosophin und Psychologin Carola Meier-Seethaler sieht in ihm gar den eigentlichen Schöpfer von *Superman*. Theodor W. Adorno und Max Horkheimer haben Bacons Idee von Wissenschaft als patriarchal kritisiert, denn es gehe Bacon allein um die Herrschaft über die Natur und die *Versklavung der Kreatur*. Bacon träumte aber nicht nur von der Expansion der Technik ins Unendliche, sondern verkörperte auch den modernen Machtmenschen, dessen persönlicher Ehrgeiz keine Grenzen kennt. Wegen Bestechlichkeit wurde Lordkanzler Bacon zu einer Gefängnisstrafe verurteilt.

Wir können heute ernüchtert feststellen: In unseren Industriegesellschaften hat sich Neu-Atlantis tatsächlich realisiert. Die negativen Konsequenzen kennen wir: Massenvernichtungswaffen, Massentierhaltung, die Ausrottung von Tieren und Pflanzen im Minutentakt, die Vergiftung der Erdoberfläche, verunsicherte und gereizte Menschen. Die Leiblichkeit des Menschen muss in Neu-Atlantis mühsam wiederentdeckt und verteidigt werden.

Damit sollte deutlich geworden sein, dass moderne Wissenschaft selbstverständlich *auch* dem humanen Fortschritt gedient hat, aber in Summe leider ein gigantisches Zerstörungswerk in Gang gesetzt hat. Heute ist es deshalb geboten, sich stets zu fragen: Welche Techniken dienen der Humanisierung, welche sind als unmenschlich abzulehnen? Für die Leibphilosophie bedeutet das: Welche Techniken lasse ich an meinen Leib heran oder sogar in ihn hinein, welche lehne ich aus moralischen Gründen ab? Diese Frage wird uns beschäftigen, wenn es um die Frage der Lebenskunst geht.

Die Herrschaft über Leib und Leben

Die Entwicklung der Naturwissenschaften war also ganz eng verknüpft mit dem Wunsch nach Herrschaft über die Welt. Mit der Neuzeit begann die hemmungslose Herrschaft über das Leben auf der Erde. Der Glaube an Gott wird mit dem Ende des Mittelalters als störende Idee zurückgewiesen. Der machthungrige Mensch wird von nun an selber zum Schöpfer einer gigantischen Maschinerie, die das Gesicht der Erde vollständig verändern wird. Es gelang den aufstrebenden Wissenschaften in atemberaubend kurzer Zeit, der Natur genau das Wissen zu entlocken, das man zu ihrer Beherrschung und Ausbeutung benötigte. Die Menschen fingen an, sich als Teil eines riesigen Programms namens Fortschritt zu fühlen. So alt der Grieche Demokrit auf die Menschen im Florenz des 15. Jahrhunderts wirkte, so alt wirkte der Renaissancemensch Leonardo mit seinen simplen Erfindungen im späten 19. Jahrhundert. Ab dieser Zeit begann der endgültige Aufstieg der Technik: Goethe starb im Jahre 1832. Für ihn waren Reisen mit der Pferdekutsche und das Verfassen von Briefen noch ganz selbstverständlich. Im Jahre 1858 wurde dann schon das erste Tiefseekabel im Atlantik zwischen England und den USA zum Versenden von Telegrammen verlegt. Ende des 19. Jahrhunderts war auch das Reisen per Eisenbahn schon allgemein üblich. Im Jahre 1903 gelang der erste erfolgreiche Flug mit einem vollwertigen Flugzeug. Im ersten Weltkrieg ab 1914 standen dann Flugzeuge und andere Geräte als Massenprodukte zur Verfügung, die nach Belieben zerstört und nachgeliefert werden konnten. Die theoretischen Grundlagen für diese Entwicklung hatten die exakten Naturwissenschaften geliefert, genau wie es Francis Bacon in seiner Utopie beschrieben hatte.

Die Naturwissenschaft hatte sich also als Praxis etabliert. Nun waren nicht mehr die Philosophen und ihre Theorien gefragt, sondern Erfinder und ihre Produkte. Diese mussten nicht unbedingt von gesellschaftlichem Nutzen sein, sondern sich vor allem gewinnbringend verkaufen lassen. Wer dem Lärm der Zeit kritisch gegenüberstand wurde schnell als Feind von Fortschritt und Wohlstand abgetan. Die Industrialisierung versetzte die Menschen in einen Rausch, der Gefahren und Bedenken als kleinlich erscheinen ließ. Das Feld der Naturwissenschaften war längst abgesteckt, ihre Methoden wurden zur Routine. Wissenschaft war jetzt vergleichbar mit dem Handwerk früherer Jahrhunderte. Wer eine entsprechende Ausbildung hatte, der konnte von nun an den Beruf des Wissenschaftlers ausüben wie jeden anderen Beruf auch. Nur sehr wenige Wissenschaftler wurden noch einer größeren Öffentlichkeit bekannt, etwa als Nobelpreisträger. Der Wissenschaftsbetrieb gleicht bis heute einer riesigen, arbeitsteiligen Fabrik.

Ihr gesellschaftliches Image führte aber zu einer zunehmenden Überschätzung der Naturwissenschaften. Ihr mechanistisches Weltbild ist heute allgegenwärtig. Denn es scheint so bestechend einfach und einleuchtend. Die gesamte Natur ist in diesem Weltbild menschlicher Erkenntnis zugänglich und exakt berechenbar. Deshalb müssen Wissenschaft und Technik um jeden Preis gefördert werden. So kann jede Generation in der jeweils besten aller möglichen Welten leben. Eines Tages wird es dann soweit sein: Dank neuer Erfindungen wird die Gesellschaft von allen Problemen erlöst sein. Würde das geschehen, dann hätte Immanuel Kant Recht gehabt, denn der Mensch hätte dann der Natur wirklich die Gesetze vorschreiben können, und zwar ganz zu seinem Vorteil.

Wie wir gesehen haben, war die Entstehung der Naturwissenschaften erst dann möglich, als Menschen eine klare Grenze zwischen sich und der Natur gezogen hatten. Es war konsequent, wenn Descartes diese Grenze *innerhalb* des Menschen ausmacht, und nicht zwischen dem Menschen und seiner Umgebung. Denn unser Leib ist eben ein eigensinniger Teil der Natur. Er musste genauso unter Kontrolle gebracht werden, wie heute millionenfach die Versuchstiere in den Laboren. Die ersten Wissenschaftler mussten sich nach dem Vorbild Platons vom unmittelbaren Leben isolieren. Mithilfe solcher Askese-Techniken gelang es ihnen, die Natur auf das zähl- und messbare zu reduzieren. Geborene Wissenschaftler sind wir bis heute nicht: Wer echte Naturwissenschaft betreiben will, der muss noch heute eine ganz bestimmte Haltung *einüben*. Denn er muss lernen, wissenschaftlich nützliche Erkenntnisse im Sinne Demokrits von sonstigen Eindrücken und Gefühlen strikt zu trennen. Ganz ohne Schizophrenie geht es im modernen Leben eben nicht. Eigentlich wäre es sinnvoller, von Spezialwissenschaften statt von Naturwissenschaften zu sprechen. Heute bemüht sich zwar eine engagierte Minderheit von Naturwissenschaftlern, das mechanistische Weltbild durch ein ökologisches Weltbild zu ersetzen. Doch es werden primär die hochspezialisierten Einzelwissenschaften massiv gefördert und gesponsert. Sie liefern eben die ökonomisch verwertbaren Erkenntnisse.

Die Spezialisierung hat den ungeheuren Erfolg der Wissenschaften ermöglicht. Allerdings ist dabei das Ganze völlig aus dem Blick geraten. Für das Ganze ist aber heute offiziell niemand mehr zuständig. Was würde ein Genetiker über die Pflanzen lernen, wenn er friedlich auf eine Blumenwiese schaut? Was er dort *selber erlebt*, ist für seine Wissenschaft wertlos. Das hatte schon Demokrit erkannt. Die Arbeit des Spezialisten beginnt im Labor, wo die Pflanze von ihrer natürlichen Umgebung isoliert und zerlegt wird. Es interessiert die Spezialwissenschaften nicht, was diese Pflanze *an sich ist* oder was sie einem Menschen *subjektiv* bedeutet. Mit einem Wort: Die Individualität darf keine Rolle spielen. Wir erinnern uns an Heraklit: Wenn man Pflanzen oder Tiere über längere Zeit beobachtet, entdeckt man auch an ihnen Individualität. Doch im Labor darf es diese nicht geben, es zählen nur *objektive* Erkenntnisse. Diese sind verallgemeinerbar und damit zu jeder Zeit und an jedem Ort der Welt gültig. Nur so wird Wissenschaft praktisch verwertbar. Ein subjektiver Eindruck wäre der Duft einer Blume oder die Schönheit der Blumenwiese. Die genetische Struktur einer Pflanze kann objektiv beschrieben werden, ihre Schönheit kann man nur im Augenblick persönlich erfahren. Dramatischer wird die Situation natürlich bei Tierversuchen. Auch hier gilt: Mitleid wäre ein subjektives Empfinden. Ob hingegen eine Chemikalie oder eine Hautcreme Krebs auslösen könnten, gilt als verallgemeinerbares und damit objektives Wissen. Der Forscher muss sich entweder in einen offiziellen Berufsmenschen und einen privaten Menschen aufspalten, oder er muss sich möglichst vollständig desensibilisieren, um nicht von Eindrücken oder gar Mitleid bei der Erkenntnisarbeit gestört zu werden. Wären Mitfühlen und Mitleiden stärker kultiviert worden, dann wäre den Menschen die Vernichtung natürlicher Vielfalt und der brutale Umgang mit unseren Mitgeschöpfen sicher schwerer gefallen. Es ist ja bis heute kaum denkbar, dass ein Katzenliebhaber sein Tier wie ein Labortier behandelt. Es gibt natürlich auch Sadismus gegenüber Tieren, doch in der Regel fühlt man sich seinen Haustieren positiv verbunden, und fügt ihnen keine

Schmerzen zu. Glücklicherweise gibt es weltweit Naturwissenschaftler, die nicht in dieses Schema passen. Sie setzen sich für die Erhaltung der Natur und den Schutz von Tieren ein oder verweigern jede Forschung zu militärischen Zwecken. Ein gutes Beispiel ist der englische Biologe Dave Goulson. Aber er gehört leider einer Minderheit an, die bisher wenig Einfluss hat.

Im 20. Jahrhundert waren die Naturwissenschaften zu einem Machtfaktor geworden, gleichzeitig wurde auch Kritik an ihnen laut. Der Soziologe Max Weber behauptete in einem berühmt gewordenen Aufsatz aus dem Jahre 1919, die Folge von Rationalisierung und wissenschaftlich orientierter Technik sei eine Entzauberung der Welt. Das Ziel der Naturwissenschaften ist laut Weber nichts anderes, als die Beherrschung der gesamten Welt. Aber nicht nur das. Weber stellte noch etwas anderes fest. Er wies darauf hin, dass die Naturwissenschaften die Frage nach dem Sinn nicht beantworten können:

> «*Alle Naturwissenschaften geben uns Antwort auf die Frage:*
> *Was sollen wir tun, wenn wir das Leben technisch beherrschen wollen? Ob wir es aber technisch beherrschen sollen und*
> *wollen, und ob das letztlich eigentlich Sinn hat:- das lassen*
> *sie ganz dahingestellt oder setzen es für ihre Zwecke voraus.*» [*]

Wissenschaft kennt nur objektive Tatsachen. Sie kann nicht sagen, ob etwas schön oder hässlich, liebenswert oder verachtenswert ist. Das liegt in ihrem Wesen, und nicht etwa daran, dass sie im Jahre 1919 noch in den Kinderschuhen steckte.

---

[*]   Max Weber, *Wissenschaft als Beruf*, Stuttgart: Reclam 2006, S. 27

Wir können festhalten: Viele Resultate der Naturwissenschaften haben zwar unser Leben bereichert. Aber ihr *Weltbild* eignet sich für das individuelle Leben überhaupt nicht. Wenn wir wirklich ständig mit einem geschlossenen wissenschaftlichen Weltbild leben müssten, es wäre das Leben in einer Eiswüste. Wie in Charlie Chaplins *Modern Times* gäbe es nur noch die unerbittliche Logik einer großen Maschine. Der einzelne, fühlende Mensch hätte in der Welt nichts mehr verloren, er wäre ein reiner Störfaktor. Man hätte sich dem Takt anzupassen und sich den Displays zu unterwerfen oder man müsste verschwinden. In einer nur an wissenschaftlichen Fakten ausgerichteten Gesellschaft könnte man nur vegetieren, aber nicht mehr sinnerfüllt leben. Die Frage nach dem Sinn würde die Menschen in einer solchen Gesellschaft in den Wahnsinn treiben. *Irren wir nicht durch ein unendliches Nichts,* hatte Friedrich Nietzsche im Jahre 1882 gefragt. Die Wissenschaften hatten sich damals voll entfaltet, die Technik trat ihren Siegeszug an. Doch die Orientierung im Leben des einzelnen Menschen war verloren gegangen. Gernot und Hartmut Böhme haben es auf den Punkt gebracht:

> «*Die individuelle Erfahrung zählt nichts, das subjektive Urteil ist belanglos, das personengebundene Wissen verliert jede Würde.*» [*]

Der Mensch in den Industriegesellschaften strebt überhaupt nicht mehr danach, im Laufe des Lebens individuelle Erfahrungen zu sammeln um zu einer reifen Persönlichkeit zu werden. Ich will natürlich nicht behaupten, dass früher alle Menschen weise gewesen wären.

---

[*] Hartmut Böhme und Gernot Böhme, *Das Andere der Vernunft*, Frankfurt am Main: Suhrkamp 1983, S. 245

Aber sie waren doch weit mehr als wir in der Lage, sich auf die Herausforderungen und unvermeidlichen Situationen des Lebens einzulassen und diese als Teil ihres Schicksals zu begreifen. Was richtig und falsch ist und selbst, wie man sich zu fühlen hat, ist heute weitgehend standardisiert. Bei jeder Abweichung greift man ganz selbstverständlich auf Therapien und Medikamente zurück oder man versucht sich zumindest zu beherrschen. So entstehen die geglätteten, unauffälligen Biographien innerhalb der Konsumgesellschaft.

Um unserem einseitigen wissenschaftlichen Weltbild etwas entgegenzusetzen, haben Leibphilosophen den Begriff *subjektive Tatsache* eingeführt. Bislang meint der Begriff *Tatsache* nur das, was objektiv von allen Menschen nachvollzogen werden kann. 1+1=2 ist eine der ersten *objektiven Tatsachen*, mit der wir Bekanntschaft gemacht haben. Dagegen ist alles, was nur uns selber betrifft, zum Scheinhaften und nicht ganz ernst zu nehmenden herabgesunken. Diese Konstellation erklärt die ungeheure Autorität wissenschaftlicher Tatsachen. Heute gilt es, die Balance zwischen objektiven und subjektiven Tatsachen wiederherzustellen. Da unsere Identität auf dem gespürten Leib basiert, ist ein Leben ohne subjektive Tatsachen gar nicht denkbar. Wir wären dann nur unfreie Automaten. Für solche halten uns tatsächlich manche Hirnforscher, wie wir im nächsten Kapitel sehen werden.

Der Mensch im Gehirn

Die Hirnforschung kann heute als *die* Wissenschaft vom Menschen gelten. Obwohl nur wenige Menschen ein fundiertes Wissen über die Neurowissenschaften haben, so prägen sie trotzdem zunehmend unser Selbstbild. Uns interessiert nun speziell die Frage, wie genau die Hirnforschung dieses Selbstbild beeinflusst und ob sie überhaupt Zugang zu subjektiven Phänomenen wie dem freien Willen oder Gefühlen hat. Denn es gibt einen grundlegenden Unterschied zwischen der Hirnforschung als hochspezialisierter Wissenschaft und ihrem Bild in der Öffentlichkeit. Weil sie als Spezialwissenschaft hohes Ansehen genießt, glaubt man ihren Vertretern auch dann, wenn sie sich zu Themen wie Seele, Gott oder Freiheit äußern. Solange sich Gott und Seele nicht im Labor untersuchen lassen, sind sie aber kein Gegenstand der Wissenschaft. Viele Menschen glauben, die Hirnforschung stehe kurz davor, das *Geheimnis Mensch* zu lüften. Wir haben bereits gesehen, dass die Naturwissenschaften überhaupt nur entstehen konnten, weil zunächst ein enges Feld abgesteckt wurde, in dem Wissenschaft überhaupt möglich ist. Demokrit hatte erkannt, dass man nur wenige Aspekte der Wirklichkeit gelten lassen kann, wenn man Naturwissenschaft betreiben will. Aus diesem Grund sind heute alle Naturwissenschaften hochspezialisiert. Kein Hirnforscher überblickt mehr die gesamte Hirnforschung, kein Biologe die gesamte Biologie. Wissenschaftlerinnen und Wissenschaftler bearbeiten ein kleines Segment innerhalb ihres Faches. Ein Leben reicht heute nicht mehr aus, um alle wissenschaftlichen Artikel der Neurowissenschaften oder der Genetik zu lesen. Das sollte man stets im Hinterkopf haben, wenn wieder einmal Ergebnisse der Hirnforschung oder anderer Wissenschaften in den Medien präsentiert werden.

Grundsätzlich ist die Erwartung, dass jemals irgendeine Wissenschaft die großen Fragen der Menschheit lösen wird, eine große Illusion. Früher war es der Geist, der zu dieser Illusion verführte, heute ist es das Gehirn. *Geist* – da denkt man an alte Bibliotheken und Bücher mit Ledereinband. Das Wort *Gehirn* passt besser in unsere Zeit. Man verbindet es mit modernsten Forschungsmethoden und Computertomographie. Doch überschätzen wir heute das Gehirn ebenso, wie früher Philosophen den Geist überschätzt haben. Aber es hilft nichts: Wir sind als erkennende Wesen immer schon *in der Welt*, niemals stehen wir ihr gegenüber. Wir sehen die Welt niemals von oben, von unten oder von außen. Außerdem sind wir als Menschen auch selber durch und durch von Welt durchdrungen. Die Perspektive des erkennenden Menschen hat sich seit der Antike überhaupt nicht grundlegend geändert. Der neuzeitliche Mensch ist aber besessen von der Idee, die Welt als Ganze zu entschlüsseln, um sie manipulieren und steuern zu können. Das gilt teilweise auch für die Neurowissenschaften.

Schauen wir uns nun einige Ergebnisse der Hirnforschung genauer an. Dazu eignet sich das Buch *Aus Sicht des Gehirns* von Gerhard Roth ganz hervorragend. Roth gilt als einer der renommiertesten Hirnforscher. Er fasst in diesem Buch die grundlegenden Einsichten der Neurobiologie zusammen. In einem zweiten Schritt diskutiert er praktische Konsequenzen, die sich aus seiner Forschung ergeben sollen. Das Gehirn ist für Roth nicht einfach nur ein menschliches Organ neben anderen. Er erklärt das Gehirn zum Zentrum unseres Menschseins. Was immer wir erleben, es wird demnach von unserem Gehirn erzeugt, was immer wir spüren, es ist ein Produkt des Gehirns. Es wird schnell deutlich, dass Roth philosophische Spekulation und trockene Forschungsresultate kombinieren möchte. Das wäre wenig problematisch, wenn erkennbar bliebe, dass Ergebnisse der Neurobiologie systematisch interpretiert werden. Doch Roth springt zwischen allen Erkenntnisebenen hin und her. Es fällt auf, dass der Hirnforscher das menschliche Innenleben klassifizieren und teilweise als krankhafte Störung behandeln möchte. Ein Beispiel: Das sogenannte *ozeanische Gefühl* ist aus der Sicht Roths eine Störung und habe mit einer *Schädigung des hinteren Scheitellappens* zu tun.

Roth möchte den Menschen offensichtlich bestimmte Gefühle austreiben, indem er sie als Krankheiten definiert. Das Ziel könnte darin bestehen, dem Einzelnen keine Gefühle zuzugestehen, welche seine gesellschaftliche Funktion beeinträchtigen. Sympathie mit der Welt, sich mit der Welt und allem Leben verbunden fühlen: Dem muss mit der Autorität der Hirnforschung offenbar ein Riegel vorgeschoben werden. Aus meiner Sicht ist das ozeanische Gefühl nicht unerklärlich, ein Zeichen von Krankheit ist es schon gar nicht. Für viele Menschen ist das ozeanische Gefühl eine *subjektive Tatsache.* Doch trägt Roth dann selber eine Theorie vor, die über jedes ozeanische Gefühl weit hinausgeht. Er behauptet nämlich, das Gehirn bringe die ganze Welt hervor. Das ozeanische Gefühl ist nur ein *Gefühl.* Viele Menschen, die von solchen Gefühlen berichten, verfallen nicht automatisch dem Glauben, es gäbe im Alltag keinen Unterschied zwischen Ich und Welt mehr. Roth hingegen trägt das Ergebnis langjähriger Forschung vor, wenn er behauptet, Welt und Gehirn seien eins.

«Die Feststellung, dass die von mir erlebte Welt des Ich, meines Körpers und des Raumes um mich herum ein Konstrukt des

Gehirns ist, führt zu der vieldiskutierten Frage, wie kommt die Welt wieder nach draußen? Die Antwort hierauf lautet: Sie kommt nicht nach draußen, sie verlässt das Gehirn gar nicht. Das Arbeitszimmer, in dem ich mich gerade befinde, der Schreibtisch und die Kaffeetasse vor mir werden ja nur als draußen in Bezug auf meinen Körper und mein Ich erlebt. Diese beiden sind aber ebenfalls Konstrukte, nur ist es so, dass mit der Konstruktion meines Körpers auch der zwingende Eindruck erzeugt wird, dieser Körper sei von der Welt umgeben und stehe in deren Mittelpunkt. Und schließlich wird – wie erwähnt – ein Ich erzeugt, das das Gefühl hat, in diesem Körper zu stecken, und dadurch wird es erlebnismäßig zum Zentrum der Welt.» [*]

Roth beschreibt seitenweise die Funktionsweise des menschlichen Gehirns, um dann aus den Einsichten der Neurowissenschaften plötzlich theologische Schlüsse zu ziehen. Als Neurotheologe erklärt uns Roth, dass es das Gehirn sei, dem wir die Schöpfung der Welt zu verdanken haben. Demnach bringt nicht die Welt jede Menge Gehirne hervor, sondern das Gehirn die Welt. Eigentlich sprechen doch alle Indizien dafür, dass das Gehirn ein Teil der Welt ist, und sich im Laufe der Evolution entwickelt hat. Roth behauptet das genaue Gegenteil, allerdings ohne irgendwelche Belege zu liefern. Der Hirnforscher behauptet, dass wir lebenslänglich in unserem Gehirn wie in einer Zelle eingesperrt sind. Ob jeder Mensch in sein eigenes Gehirn (was auf eine Theorie von etwa acht Milliarden Welten mit entsprechenden logischen Folgeproblemen hinauslaufen würde) oder ob alle Menschen im Gehirn des Hirnforschers eingesperrt sind, wissen wir nicht. Was Roth vorträgt, kann man als

---

[*] Gerhard Roth, *Aus Sicht des Gehirns*, Frankfurt am Main: Suhrkamp 2003, S. 48

Gehirn-Solipsismus bezeichnen. Solipsisten glauben bekanntlich, dass es außer ihrem eigenen Selbst nichts weiter gibt. Aber auch diese Position hält Roth nicht durch, denn später nutzt er die Neurowissenschaften für soziologische und kriminologische Forderungen. Er nimmt seine eigenen Theorien nirgendwo durchgehend ernst. Würde er das tun, dann müsste er sich eigentlich jedes Urteils enthalten. Roth möchte seine Behauptungen nicht konsequent zu Ende denken. Klar erkennbar ist aber seine Absicht, dem Hirnforscher exklusiven Zugang zur Innenwelt aller Individuen zu verschaffen. Das Gehirn wird zum Betriebssystem des Menschen erklärt, nur der Hirnforscher kennt das Programm dahinter. Damit folgt Roth dem Trend, den Menschen als Maschine zu betrachten, die von außen gesteuert werden kann. Unsere Gefühle und Gedanken sinken zu Illusionen und Störungen herab, die das Gehirn wie mechanisch produziert. Einzig der Hirnforscher hat in diesem Modell das Privileg, nicht von seinem Gehirn gesteuert zu sein. Er vertritt noch eine klare subjektive Meinung, stellt Forderungen auf und weiß genau, was für die Menschen am besten ist.

Roth nimmt damit eine ähnliche Haltung wie René Descartes ein. Ob Hirnforscher, die andere Menschen im Gehirn eingesperrt sehen, oder Philosophen, die glauben, es gäbe nur ihr Bewusstsein: Diese Menschen beschreiben damit nicht die Resultate seriöser Wissenschaft, sondern ganz einfach ihr eigenes Empfinden. Die Tatsache, dass das Gehirn ein besonders bedeutendes Organ ist, verführt den Hirnforscher zu der Annahme, der Mensch sei nicht mehr als sein Gehirn. Beweisen kann man derartiges natürlich nicht. Zwischen Begriffen wie Cortex, Thalamus und Scheitellappen taucht aus dem Nichts eine Theorie vom Ursprung der Welt auf. Aus der Tatsache, dass unser Gehirn an der Entstehung von Denken und Wahrnehmung beteiligt ist, schließt Roth, dass die Welt unter keinen Umständen mehr sein kann, als das Gehirn. Das ist natürlich unhaltbar. Wir sind abhängig vom Sauerstoff in der Luft, vom Wasser, vom Blutkreislauf, ganz allgemein von Millionen winziger Prozesse in unserem Körper und in unserer Umwelt. Roth ist einfach auf das Gehirn fixiert. Er betreibt eine Art Gehirn-Bürokratie. Was immer er findet: Ozeanische Gefühle, das Ich, selbst die Kaffeetasse: Alles bekommt einen Eingangsstempel und wird in einer Region des Gehirns abgelegt. Mit unserem wirklichen Erleben hat das nichts zu tun. Aber es erzeugt ein Bild vom Menschen, das exakt in unsere Zeit passt: Der Mensch als Reiz-Reaktions-Maschine, der Konsument im digitalen Zeitalter.

Beschäftigen wir uns nun näher mit der Behauptung von Gerhard Roth, die Willensfreiheit sei eine Illusion. Er hat mit dieser Behauptung vor einigen Jahren auch öffentlich für Aufsehen gesorgt. Unserer Gesellschaft liegt ein bestimmtes Menschenbild zugrunde. Nach diesem Menschenbild ist der Mensch prinzipiell in der Lage, Entscheidungen aufgrund seines freien Willens zu treffen. Wir können demnach generell zwischen verschiedenen Handlungsoptionen wählen. Natürlich kann es innere und äußere Zwänge geben, wir Menschen sind geprägt von bewussten und unbewussten Handlungsmotiven. Das ändert aber nichts daran, dass wir *grundsätzlich* nicht einem endlosen Strom von Impulsen unseres Gehirns folgen. Kurz gesagt: Wir sind keine Automaten. Roth sieht das anders. Er behauptet, dass unser Handeln vollständig durch das Gehirn bestimmt wird. Einen freien Willen aber gäbe es im Gehirn nicht, weshalb die Willensfreiheit eine Illusion sei. Eine solche Einstellung ist aber keineswegs neu, denn sie wurde bereits von Materialisten im 18. Jahrhundert vertreten. Noch länger zurück liegt ein heftiger Streit über diese Frage zwischen Martin Luther und Erasmus von Rotterdam. Sie diskutierten im Jahre 1525, ob der Mensch bloß der

Vollstrecker eines göttlichen Willens sei, oder ob er selbstständig entscheiden könne. Es fällt zunächst schwer, hier eindeutig Stellung zu beziehen. Denn wir können an unseren Mitmenschen äußerlich so einiges entdecken, aber keinen freien Willen. Man kann sich folglich den Menschen auch als programmierten Automaten oder – etwas nobler – als ein unfreies Geschöpf Gottes vorstellen. Die Vorstellung vom willenlosen Automaten passt ins Weltbild vieler Ideologen. Wenn die Menschen sowieso unfrei sind, braucht man sie in keiner Hinsicht ernst zu nehmen. Man kann auch mit naturwissenschaftlichen Experimenten nicht beweisen, dass Menschen in einer bestimmten Situation aufgrund freier Entscheidung gehandelt haben. Ganz wichtig: Man kann es mit solchen Experimenten aber auch nicht widerlegen. Man muss es daher voraussetzen. Das wird man aber nur dann können, wenn einem selber das Phänomen aus eigener Erfahrung bekannt ist. Strenge Materialisten sind ebenso wie manche Naturwissenschaftler geneigt, den Menschen vollkommen auf seine sichtbare Erscheinung zu reduzieren. Was sich nicht am Körper mit wissenschaftlichen Methoden nachweisen lässt, dessen Existenz wird einfach geleugnet. Wobei sich natürlich die Frage stellt, was ein solcher Wissenschaftler auf die Frage: Sind Sie ein Automat oder ein freier Mensch? antworten würde. Gerhard Roth zieht jedenfalls die folgenschwere Schlussfolgerung, dass unser Rechtsbewusstsein eine Illusion sein müsse, da es auf der falschen Annahme beruhe, der Mensch könne wirklich wählen, wie er sich verhalte. Neurowissenschaftler haben keinen freien Willen gefunden, deshalb möge die Gesellschaft doch bitte das Strafrecht ändern. Die Passage aus seinem Buch hier im Wortlaut:

> *«Eine Gesellschaft darf niemanden bestrafen, nur weil er in irgendeinem Sinne schuldig geworden ist – dies hätte nur dann Sinn, wenn dieses denkende Subjekt die Möglichkeit gehabt*

hätte, auch anders zu handeln als tatsächlich geschehen. Sie kann aber durch Belohnung und Androhung von Strafe (d.h. Abschreckung), durch Lob und Tadel und manchmal auch durch Strafe selbst das Verhalten der Individuen ändern, indem sie deren emotionales Erfahrungsgedächtnis beeinflusst. Wie dies im Einzelnen optimal zu geschehen hat, und bei welchen Menschen Erziehung zwecklos ist, bleibt detaillierten Untersuchungen überlassen. Dies würde allerdings bedeuten, dass unser Strafvollzugssystem mehr als bisher ein Besserungssystem sein muss. Alle Beteiligten wissen, dass dies schwierig zu erreichen und zudem sehr teuer ist.» *

Jede Strafe ist völlig sinnlos, da der Mensch sich gar nicht anders hätte entscheiden können. Wie eine aufgezogene Spielzeugpuppe musste er mechanisch die Bewegungen ausführen, die zu dem Verbrechen geführt haben. Das *Ich* war nicht Täter, sondern nur Zuschauer der eigenen Handlung. Nehmen wir an, Roths Ansichten hätten sich damals durchgesetzt und es hätte eine revolutionäre Justizreform gegeben. Richter und Staatsanwälte würden in Straftätern keine Menschen mit einem freien Willen mehr sehen, sondern nur noch Automaten, die durch ihr Gehirn determiniert sind. Juristen können in der Regel scharf und folgerichtig denken. Vielleicht hätten sie versucht, Roth mit folgenden Argumenten von seiner Justizreform abzubringen: Du appellierst an uns, Menschen künftig anders zu behandeln, als in der Vergangenheit? Setzt das nicht Willensfreiheit bei uns voraus? Ist aber Willensfreiheit nicht genau das, was du dem Menschen absprichst? Wenn der Verbrecher nicht anders handeln konnte, warum soll dann der Richter anders handeln können? Wenn deine Theorie wirklich stimmt, dann

---

* Gerhard Roth, *Aus Sicht des Gehirns*, Frankfurt am Main: Suhrkamp 2003, S. 181

leben wir in einem großen Theater, in dem *alles* vorherbestimmt ist und *alle* Menschen unfrei sind. In diesem Theater wäre die Aufforderung, etwas zu ändern oder zu reformieren, völlig sinnlos. Außerdem müssten wir dir nur irgendeinen Schaden zufügen, dann würdest du ganz schnell von deiner These abrücken.

So ähnlich könnten die Richter Roths eigenartige Behauptung widerlegen. Am einfachsten widerlegt man derartige Behauptungen, indem man ihren Vertretern einen Schaden zufügt. Dann werden sie fragen: *Warum hast du das getan?* Damit haben sie sich selber widerlegt. Denn wären wir ein willenloser Automat, wäre ja diese Frage sinnlos. Niemand würde eine Lawine fragen: Warum hast du mich begraben? Wäre ersichtlich, dass ein Mensch die Lawine absichtlich ausgelöst hat, so würden wir ihn sofort für verantwortlich halten und zur Rede stellen.

Roth entmündigt zunächst den Menschen, indem er ihn zu einem hirngesteuerten Automaten erklärt. Einer Gruppe spricht er aber exklusiv einen freien Willen sowie klare Entscheidungsvollmachten zu: Den Regierenden, welche er von seinem Besserungssystem überzeugen will. Wir kennen solche Besserungssysteme eigentlich nur aus totalitären Staaten. Im Kern klingt das alles nach einer Pathologisierung bestimmter menschlicher Eigenschaften und Verhaltensweisen. Eine Erziehungsbehörde soll aufgrund von Gehirnanalysen die Menschen nach Gefährlichkeitsgraden beurteilen und sogar entscheiden, bei wem Besserung zwecklos scheint. Das erinnert fatal an Platons Staatsentwurf. Platon hatte Zugang zur Wahrheit und leitete aus ihr seinen autoritären Staat ab. Roth hat Einblick in das Gehirn als Zentrum der Welt, und kann dementsprechend die Gesellschaft neu ordnen. Aber Roths ganzes Gedankengebäude ist instabil und ohne Fundament. Konsequent erkennbar ist allein der Wille, in die Struktur der Gesellschaft einzugreifen und zumindest einige Menschen zu entmündigen. Alle Eigenschaften, die Roth dem Menschen aufgrund seiner angeblichen Determiniertheit abspricht, setzt er an anderer Stelle selbstverständlich wieder voraus. Würde er seine eigenen Behauptungen ernst nehmen, dann müsste er zunächst eingestehen, dass es den Forscher Gerhard Roth gar nicht gibt. Es gibt nur jemanden, der sich aufgrund seiner Hirnaktivität mit diesem Namen identifiziert. Und die Kriminellen, mit denen Roth sich so intensiv beschäftigt, sind auch nur ein Produkt seines eigenen Gehirns. Die Aufforderung, Besserungsanstalten einzurichten wäre im wahrsten Sinne des Wortes ein Hirngespinst. Wenn das wirklich geschehen soll, geschieht es sowieso aufgrund der Determiniertheit von Menschen, die genau das und nichts anderes tun müssen. Das Ganze erinnert an Zauberei: Was eben noch als Argument galt, ist im nächsten Moment schon wieder verschwunden. Eine dogmatische Aussage wird im nächsten Moment durch ihr Gegenteil ersetzt.

Man stelle sich vor, der Hirnforscher hätte nicht Kriminelle als Beispiel gewählt, sondern Lehrer. Roth hätte geschrieben, dass Schüler die Beurteilungen ihrer Lehrer künftig nicht mehr ernst nehmen sollten, da Lehrer hirngesteuerte Maschinen seien. Er hätte statt einer Justizreform eine Schulreform gefordert. Das wäre sofort als Provokation durchschaut worden. Solche Debatten leben eben auch davon, dass sie mit gesellschaftlichen Vorurteilen arbeiten, und diese geschickt für ihre Argumentation nutzen. Kriminelle sind in der Regel stigmatisierte Außenseiter. Es ist dementsprechend einfach, ihnen irgendetwas anzudichten. Als Hirnforscher hat es Roth mit dem biologischen Menschen zu tun, aber nicht mit einer bestimmten sozialen Gruppe. Daher ist es schon unglaubwürdig, diese Gruppe herauszugreifen um speziell ihr die Willensfreiheit abzusprechen. Hier passt Albert Camus' Bemerkung, wonach

Debatten um Determinismus und andere theoretische Fragen für einen aufrichtigen Menschen schon immer etwas Lächerliches hatten. Schon die Beispiele vieler Wissenschaftler und Philosophen lassen den nötigen Ernst vermissen. Es geht bei der Willensfreiheit nicht speziell um Kriminelle. Und es geht auch nicht darum, ob ich mich wirklich zwischen ungesunder Buttercremetorte und gesundem Obst entscheiden kann (ein Beispiel des Philosophen Thomas Nagel). Noch eigenartiger ist die Frage, ob ich meinen kleinen Finger dann bewegen kann, wenn ich es will (Thema des Libet-Experiments). Jeder Wissenschaftler, der tagsüber in seinem Labor die Willensfreiheit widerlegt hat, wird sie nach Feierabend draußen in der Wirklichkeit wieder voraussetzen.

Roths Forderungen verdecken außerdem noch ein anderes Problem. Selbst aus seriösen Forschungsergebnissen folgt nicht automatisch ein Sollen. Man kann an Laborergebnissen und komplexen Messreihen nicht direkt ablesen, was Menschen tun sollen oder wie die Gesellschaft mit Problemen umzugehen hat. Das gäbe es nur in einer Expertokratie, und selbst dort wäre es nur ein Ideal. Aus der Schädlichkeit von Zucker für die Zähne folgt zum Glück kein Zuckerverbot, aus den Gefahren der Sonnenstrahlen kein Verbot, sich im Hochsommer im Freien aufzuhalten. Wissenschaftliches Wissen kann und soll zwar bei Entscheidungen einfließen, doch es kann nie die einzige Grundlage für eine Entscheidung sein, wie schon die beiden einfachen Beispiele zeigen. Wenn man es konsequent zu Ende denkt, müsste es sonst einen permanenten Lockdown geben. Dann wäre jedes Risiko zu verunglücken, sich eine Krankheit einzufangen oder gar ein Verbrechen zu begehen vollkommen ausgeschlossen. Es ist offensichtlich, dass man das Leben so in ein sinnloses Vegetieren verwandeln würde.

Das subjektive Innenleben des Menschen ist dem Wissenschaftler überhaupt nicht zugänglich. Er könnte natürlich den Menschen einfach fragen, was er genau empfindet. Aber in dem Moment ist er eben kein reiner Wissenschaftler mehr, sondern ein Mensch, der sich auf einen anderen Menschen einlässt. Wissenschaftler wie Gerhard Roth gehen davon aus, dass sich alles am Menschen mit Hilfe von Apparaten ablesen lasse. Selbst die ozeanischen Gefühle tauchen demnach irgendwo im Hirnscan auf. Natürlich kann man im Labor keine Gefühle sehen oder gar messen. Wer Gefühle nicht aus eigener Erfahrung kennt, der wird niemals wissen, was das Wort *Gefühl* überhaupt bedeutet. Um zu wissen, was gemeint ist, muss die Person zumindest schon so etwas wie ein Gefühl gehabt haben. Das gleiche gilt für alle subjektiven Phänomene wie Freiheit, Schmerzen, Freude und Langeweile. Die Erfahrung von Gefühlen muss dem Sprechen über Gefühle vorausgegangen sein. Daher beschäftigt sich die Neurowissenschaft auch niemals mit Gefühlen selber, sondern nur mit Phänomenen im Körper, die in irgendeiner Weise mit Gefühlen in einem Zusammenhang stehen. Neurotransmitter sind an deren Entstehung genauso beteiligt, wie viele andere Körperprozesse auch. Aber sie sind sowenig die Gefühle selber, wie die einzelnen Zutaten schon ein fertiger Kuchen sind.

Das konstruierte Bild der Hirnforschung, nach welchem wir nur aus einem Chaos aktiver Neuronen bestehen, wird viele Menschen weiter von ihrem Leib entfremden. Als Vernunftmenschen neigen wir dazu, solche Theorien zu glauben. Es stellt eine Abwertung des ganzen Menschen dar, ihn auf etwas zu reduzieren, was sich zwar *an* ihm findet, aber ihn niemals als ganze Person ausmacht. Es ist ein himmelweiter Unterschied, ob ich mich lebendig der Welt verbunden fühle, oder ob ich mich selber als das Produkt eines Neuronen-Computers sehe. Um die Jahrtausendwende gab es einen medialen Hype um die Entschlüsselung der menschlichen DNA. Es herrschte damals so etwas wie eine wissenschaftliche Revolutionsstimmung, die Medien überschlugen sich mit der Verkündung eines neuen Zeitalters. Die DNA-Revolution ist dann aber ausgeblieben. Heute ist das Gehirn Projektionsfläche übermenschlicher und unmenschlicher Phantasien, wie wir im nächsten Kapitel sehen werden.

Die Phantasien der
Transhumanisten

Der Transhumanismus verspricht uns, den heutigen Menschen gegen eine Neuschöpfung auszuwechseln. Denn die Transhumanisten betrachten die Evolution als das Werk eines Dilettanten, dem die Werkzeuge für eine perfekte Schöpfung fehlten. Deshalb planen sie, die Produktionsfehler der Natur in etwa hundert Jahren zu beheben. Der technisierte Mensch soll dann unsterblich und vollkommen unabhängig von der Natur sein.

Im Zentrum des Transhumanismus steht bekanntlich die viel diskutierte künstliche Intelligenz. Bereits die alten Griechen und Ägypter träumten von sprechenden Statuen und denkenden Maschinen. Der Philosoph Aristoteles diskutierte im antiken Griechenland die möglichen Auswirkungen von Robotern auf die Gesellschaft. Doch die Grenze zwischen Mensch und Maschine ist nicht fließend, sondern absolut. Eine Maschine kann allenfalls so programmiert werden, dass sie einen Menschen nachzuahmen scheint. Und je einfältiger die Menschen in Zukunft werden, desto intelligenter werden natürlich die Maschinen auf diese Menschen wirken. So ausgereift die Technik in Zukunft auch sein mag, sie wird immer genau das tun, was sie *soll*, aber niemals das, was sie *will*. Deshalb gehen viele der vollmundigen Versprechen der KI-Vertreter an der Wirklichkeit vorbei. Was immer man uns erzählt: Jeder Computer wird auch in Zukunft von Menschen programmiert worden sein und primär Entscheidungen treffen oder fördern, die bestimmten ökonomischen Interessen dienen. Die Glorifizierung der künstlichen Intelligenz verdeckt nur, dass unser individuelles Leben in

Zukunft noch stärker von anonymen Systemen dominiert werden wird. Die Fokussierung auf den Begriff *künstliche Intelligenz* führt auch schnell zu spitzfindigen Debatten. Die Frage etwa, wie ein selbstfahrendes Auto ethisch korrekt programmiert werden sollte, wird immer wieder diskutiert. Aber das ist eine Scheindebatte, denn der Straßenverkehr war noch nie streng nach ethischen Kriterien organisiert. Warum sollte er es künftig sein?

Beschäftigen wir uns nun näher mit dem Buch *Homo s@piens. Leben im 21. Jahrhundert. Was bleibt vom Menschen?* des Amerikaners Ray Kurzweil. Kurzweil ist Transhumanist, Erfinder und gilt als Pionier der künstlichen Intelligenz. Das Buch aus dem Jahre 1999 kann als Standardwerk des Transhumanismus gelten. Im Jahre 1999 hatte das kommende 21. Jahrhundert noch einen magischen Klang. Was lag da näher, als es zur Projektionsfläche großer Versprechen und Visionen zu machen? Kurzweil entwirft in dem Buch das Bild eines transhumanen Neu-Atlantis. Da seine Prognosen konkret formuliert und mit einem Datum versehen sind, können wir einige von ihnen heute schon überprüfen. Denn mittlerweile leben wir ja in jenem sagenhaften 21. Jahrhundert. Doch dazu später. Man kann Kurzweils Buch einfach als Produkt eines Computer- und Technikspezialisten abtun. Doch es spiegelt sich darin auch der Geist unserer Zeit, in der viele Menschen der Technik noch immer eine messianische Kraft zuschreiben. Auffällig ist schon die Abwertung des Menschen im Prolog des Buches. Dort bezeichnet es Kurzweil als Nachteil, dass beim Säugetier ein Großteil der Neuronen der Erhaltung der Lebensfunktionen diene. Der Computer sei fortschrittlicher, denn er verwende seine Energie nur für die Informationsverarbeitung. Lebendigkeit ist demnach der größte Nachteil des Menschen. Kurzweils Vertrauen in den technischen Fortschritt kennt keine

Grenzen. Er behauptet, dass Computer im 21. Jahrhundert jede menschliche Eigenschaft annehmen werden. Computer werden

«Emotionen zeigen, und eigene Ziele und Wünsche formulieren, Computer werden einen freien Willen haben. Sie werden spirituelle Erfahrungen für sich reklamieren. Und die Menschen, deren Denken noch immer von der Arbeit organischer Neuronen abhängt – werden ihnen glauben.» [*]

Mensch und Maschine tauschen also die Rollen. Galten bisher Computer als eher beschränkte Wesen, so erfährt sich in Kurzweils Welt der Mensch als rückständig. Die Maschine hingegen wird zum freien, kreativen und sogar religiösen Wesen. Der freie Wille, den viele Neurowissenschaftler uns ausreden wollen, taucht bei Kurzweil ausgerechnet als Eigenschaft des Computers wieder auf. Erich Fromm hat solche Bestrebungen schon vor fünfzig Jahren kommentiert:

«...es gibt Spezialisten, die uns versichern, der Roboter werde sich kaum vom lebendigen Menschen unterscheiden. Diese Leistung wird uns weniger erstaunlich vorkommen, wenn der Mensch selbst kaum noch von einem Roboter zu unterscheiden ist.» [**]

Die These von *Homo s@piens* lautet, dass die Evolution vom Urknall bis zum Menschen des 20. Jahrhunderts missraten sei. Die Aufgabe des Menschen bestehe nun darin, die Evolution mit technischen

---

[*] Ray Kurzweil, *Homo s@piens*, München: Econ, S. 24
[**] Erich Fromm, *Anatomie der menschlichen Destruktivität*, Stuttgart: DVA 1974, S. 318

Mitteln zu korrigieren. Der Mensch werde im 21. Jahrhundert neue Gehirne entwickeln, denn

> «...die Schwäche des Gehirns ist seine extrem geringe Geschwindigkeit als datenverarbeitendes Medium, eine Schwäche, die der Computer nicht teilt. Aus diesem Grund wird die auf der DNS beruhende Evolution letztlich aufgegeben werden müssen.» [*]

Diese Sichtweise ist nicht nur inhuman, sie ist auch unlogisch. Denn Kurzweils Computer, die den Menschen ablösen sollen, sind ja Produkte des menschlichen Gehirns. Außerdem muss man nur an die Fähigkeit von Kindern denken, einfach und ohne viel Mühe mehrere Sprachen zu erlernen und relativ schnell kreativ mit ihnen umzugehen, um diesen Vergleich für weltfremd zu halten.

Für seine Zukunftsprognosen hat Kurzweil die Jahre 2009, 2019, 2029 und 2099 gewählt. Überprüfen wir also die beiden ersten Jahre und vermerken die beiden anderen im Terminkalender. Das Jahr 2029 ist sowieso recht nah und im Jahre 2099 werden wir alle unsterblich sein. Für 2009 sind die Prognosen noch recht realistisch und eher allgemein gehalten. Der Computer hält im Jahre 2009 Einzug in die Schule und ersetzt zunehmend den unmittelbaren Kontakt zwischen den Menschen. Viele Prognosen waren aber eindeutig falsch. So trug 2009 niemand eine Brille, die Bilder auf die Netzhaut projiziert und militärische Drohnen waren nicht klein wie Vögel. Schauen wir uns die Vorhersagen für 2019 an. Zu diesem Zeitpunkt sollen Computer den Alltag schon weitgehend beherrschen.

---

[*] Ray Kurzweil, *Homo s@piens*, München: Econ 2001, S. 163

Bücher sind nur noch schwer zu bekommen, Lehrer und Schüler begegnen sich nur noch selten in der Realität. Die Beeinträchtigungen durch Behinderungen wie Lähmungen, Blindheit und Taubheit gehören der Vergangenheit an. Wenn Menschen im Jahre 2019 Berührung wünschen, begeben sie sich in eine *VR-Kabine*. In der dort erzeugten virtuellen Realität gibt es medizinische Untersuchungen und sexuelle Kontakte. Autos fahren weitgehend automatisch und Unfälle gibt es kaum noch. Als Lehrer, Pfleger und Liebhaber dienen *automatische Assistenten*. Wie so ein Assistent genau aussieht erfahren wir zwar nicht, aber vielleicht ist das auch besser so. Der große Vorteil dieser Ersatzmenschen ist laut Kurzweil, dass man immer im Voraus weiß, wie sie reagieren werden. Waffen sind jetzt so klein wie Insekten und die Lebenserwartung des Menschen liegt bei über 100 Jahren. Diese Prognosen galten wohlgemerkt für das Jahr 2019. Auch wenn sie nicht eingetroffen sind, zum Zeitpunkt ihrer Veröffentlichung haben sie ihren Zweck sicher erfüllt. Dieser bestand darin, keine Zweifel an der Technisierung aufkommen zu lassen.

Es ist erstaunlich, wie sehr Kurzweils Ideale den Lebensidealen Immanuel Kants ähneln. Da ist der unbedingte Wille, möglichst alles zu kontrollieren und jeden Zufall auszuschalten. Vor allem aber die Abneigung gegen jegliche Form von Nähe und Berührung. Schon die Schüler und Studenten werden bei Kurzweil weitgehend isoliert. Die direkte Begegnung soll zur lästigen Ausnahme werden. Die Menschen werden noch mehr vereinzelt, als sie es heute ohnehin schon sind. Nähe bis hin zur Sexualität wird schließlich nur noch in Kabinen simuliert.

Natürlich beschreibt Kurzweil nur die konsequente Weiterentwicklung kapitalistischer Gesellschaften. Nähe und Solidarität gelten in diesen schon seit langem als schädlich. Der Einzelne soll sein Glück im einsamen Streben nach Besitz und Konsum suchen, der Mitmensch soll als lästiger Konkurrent empfunden werden. Viele von uns spüren heute schon einen Mangel an Nähe und Berührung. Deshalb werden wohl nur wenige Menschen Kurzweils Utopie des total vereinsamten Menschen in seiner VR-Kabine als Paradies empfinden. Im Jahre 2029 wird die Verschmelzung von Mensch und Maschine endlich vollendet sein. Es werden Displays direkt in das menschliche Auge eingesetzt, Implantate im Gehirn verbessern das logische Denken, winzige Roboter mit Mikrogehirnen werden in der Medizin eingesetzt. Ein Großteil der Kommunikation findet zwischen Mensch und Maschine statt. Die Trennlinie zwischen Maschinen und Menschen gibt es nicht mehr, Maschinen verfügen jetzt über eigene Persönlichkeiten. Viele der besten Künstler sind im Jahre 2029 überhaupt keine Menschen mehr, sondern Maschinen. Die durchschnittliche Lebenserwartung der gesamten Erdbevölkerung liegt jetzt bei 120 Jahren. Im Jahre 2099 ist vom Menschen nicht viel übrig geblieben. Wer noch immer sein natürliches Gehirn benutzen möchte, ist jetzt von der Gesellschaft ausgeschlossen. Denn sein angeborenes Betriebssystem ist nicht mehr kompatibel mit der Mehrheit der Menschen, die jetzt mit Implantaten bestückt ist. Der Mensch ist jetzt vollkommen mit der Maschine verschmolzen, die er selber einmal erfunden hat.

Atmosphärisch entspricht Kurzweils Utopie dem Leben in einem klimatisierten Serverraum. Statistiken, Zahlen und Computeranalogien beherrschen sein ganzes Weltbild. Der wirkliche Mensch wird in seiner Utopie zunehmend liquidiert. Man wird beim Lesen das Gefühl nicht los, Kurzweils Gedanken seien nicht ganz von dieser Welt. Der heutige Mensch ist für ihn nur eine langsame und verkalkte Rechenmaschine. Was bisher für viele Menschen den Kern des Lebens ausgemacht hat, soll einfach abgeschafft werden: Keine

Zweisamkeit mehr, keine körperliche Nähe, kein Naturgenuss, kein Schicksal, kein Zufall. Ab 2049 kommt dann auch noch künstliche Nahrung auf den Tisch, nanotechnisch hergestellte Lebensmittel sollen den Menschen noch unabhängiger von der Natur machen. Wie erinnern uns: Von künstlich erzeugter Nahrung träumte schon Francis Bacon vor etwa 400 Jahren. Kurzweil macht aber auch deutlich, welcher Ideologie er anhängt: Er weist darauf hin, dass die mächtigere Technologie immer gewinne. Das sei so gewesen, als die Europäer auf die Eingeborenen Amerikas trafen und es geschehe heute durch wirtschaftliche und militärische Macht.

Der Homo S@apiens wäre eine Art batteriebetriebener Super-Optimist: mitleidslos, apathisch, absolut erfolgreich. Der Mensch hat sich endgültig in eine rücksichtslose Maschine verwandelt. Kurzweil beschäftigt sich nicht einen Augenblick mit der Frage, ob in seiner Utopie die Natur überhaupt mitspielen wird. Klimawandel, Rohstoffknappheit, Artensterben: Die größten Probleme unserer Zeit bleiben völlig unberücksichtigt. Woher kommt die Energie, um die Milliarden von Computern und Mikrocomputern zu betreiben, mit denen die gesamte Weltbevölkerung bis ins biblisch hohe Alter bestückt sein wird? Woher kommen die Rohstoffe zu ihrer Produktion? Das sind ja heute schon gigantische Probleme, in Kurzweils Utopie würden sie sich noch vervielfachen. In Kurzweils Welt gibt es noch nicht einmal ein Bewusstsein für diese Probleme, geschweige denn Ideen zu ihrer Lösung.

Das Reich des Homo S@piens ist eine literarische Phantasie, nicht einmal als gewagte Utopie eines Technik-Optimisten kann man sie ernst nehmen. Die Beherrschung der Natur wird zu einer Zwangshandlung, die ökologische Krise ist vollkommen verdrängt. Kurzweil träumt von einem endgültigen Triumph der Technik über alles Lebendige. Er scheint davon auszugehen, dass Natur und

Gesellschaft schon irgendwie mitspielen werden. Horst-Eberhard
Richter hat solche entrückten Phantasien so charakterisiert:

> *«Der vom Gotteskomplex besessene Intellekt hat die Boden-*
> *haftung verloren. Das technische Bemächtigungsstreben wird*
> *von keiner Bescheidenheit und Ehrfurcht mehr gezügelt.»* *

Wissenschaftler warnen vor extremen Dürren und Ernteausfällen
durch den Klimawandel, das Trinkwasser wird schon heute in manchen Regionen knapp. Doch Kurzweil prophezeit ein Durchschnitts-
alter von 120 Jahren im Jahre 2029 für die gesamte Erdbevölkerung
und Unsterblichkeit in nicht allzu ferner Zukunft. Ein realistischer
Titel für das Buch wäre eigentlich *Homo f@ber* gewesen. Denn Max
Frischs *Homo faber* ist mit seinem technisch-rationalen Weltbild im
wirklichen Leben vollkommen überfordert.

Im Zentrum des Transhumanismus steht die menschliche Unsterblichkeit. Diese soll durch den Download der Gehirninhalte aller
Menschen auf eine Festplatte ermöglicht werden. Auch in der trans-
humanistischen Weltanschauung spielt sich das Leben des Menschen ausschließlich in seinem Gehirn ab. Deshalb muss man nur
den Inhalt des Gehirns abspeichern, um den Menschen vor dem Tod
zu bewahren. Der Transhumanismus befindet sich damit weltan-
schaulich allerdings im Jahre 1641. In diesem Jahr erschienen die
Meditationen über die Grundlagen der Philosophie von René Descartes. Auf seiner Trennung von Geist und Körper basiert auch der
Transhumanismus. Da es sich aber um eine theoretische Trennung
handelt, müssten die Transhumanisten zunächst den Geist oder das

---

* Horst Eberhard Richter, *Die Krise der Männlichkeit in der unerwachsenen*
   Gesellschaft, Gießen: Psychosozial-Verlag 2006, S. 14

Gehirn wirklich vom Körper trennen können. Bis dahin sind die Versprechen Science-Fiction-Literatur oder eine Marketing-Strategie. Natürlich klingt *ewiges Leben* besser als *Ihr werdet in Zukunft vollständig von den Tech-Konzernen beherrscht werden*. Der Eindruck, wonach der Mensch identisch mit seinem Gehirn ist, entsteht wie bei Descartes allein aufgrund eines entfremdeten Lebensstils. Wenn es tatsächlich gelingen sollte, den bewussten Inhalt eines Gehirns auf eine Festplatte zu speichern, dann wäre das eine Summe zusammenhangloser Informationen, mit denen niemand etwas anfangen könnte. Voraussetzung jedes subjektiven Erlebens ist der gespürte Leib. Fällt dieser weg, bleiben allenfalls Daten, für die sich niemand mehr interessieren wird. Stellen wir uns einmal vor, im Jahre 2200 gäbe es tatsächlich den Gehirninhalt von sagen wir zwei Milliarden toten Menschen in riesigen Datenbanken. Wer wird sich dafür interessieren? Die Menschen gehen sich in Kurzweils Utopie doch schon zu Lebzeiten aus dem Weg, woher soll dann das Interesse an den Verstorbenen kommen? Außerdem leben Kurzweils Menschen nur noch in der virtuellen Realität ihrer VR-Kabinen. Wie sollen die abgespeicherten Biographien dann überhaupt entstanden sein? Da Schicksal und Leiden abgeschafft worden sind, ist das Leben aller Menschen vollkommen inhaltslos und flach. Ihre Biographien lassen sich kurz und bündig zusammenfassen: Geboren, existiert, auf Festplatte gespeichert. Als Utopien sind derartige Konzepte schlicht Nonsens. Wer solche Fortschritts- und Techniksszenarien kritisiert, wird manchmal zu hören bekommen, er sei negativ und altmodisch. Das ist eine leicht durchschaubare Strategie. Sie kann einfach mit dem Hinweis auf das düstere Weltbild der Transhumanisten entkräftet werden. Nach ihrer Ansicht ist das gesamte Leben auf der Erde eine Fehlkonstruktion. Eine negativere Weltanschauung ist kaum möglich. Erich Fromm hatte darüber bereits ein klares Urteil gefällt:

«Der Computer kann uns in vieler Hinsicht im Leben nützlich sein. Aber der Gedanke, dass er den Menschen und das Leben ersetzen könnte, ist eine Manifestation der Krankheit unserer Zeit.» [*]

Der Transhumanismus schreibt den männlichen Gotteskomplex fort, denn ihre Anhänger identifizieren sich mit einem allmächtigen Schöpfergott. Das Leben soll vollständig dem menschlichen Geist unterworfen werden, der Mensch schreibt der Natur die Gesetze vor. Der Transhumanismus ist die Vision einer Welt ohne Vielfalt und spontane Lebendigkeit. Der genetisch manipulierte Einheitsmensch wird mit synthetischem Superfood ernährt, seine Umwelt ist eine monotone Wüste, Pflanzen und Tiere gibt es kaum noch. Das Leben in den Städten läuft so mechanisch ab wie der Produktionsprozess in einer Fabrik, die orientierungslosen Einheitsmenschen werden in selbstfahrenden Autos herumgefahren wie kleine Kinder. Transhumanisten haben in Wahrheit nicht wirklichen Krankheiten und realen Problemen den Kampf angesagt, sondern dem Leben selber. Sie träumen von einem vollständig kontrollierten und überwachten Dasein, in dem nichts mehr zufällig und spontan geschehen darf. Wohl nur Menschen mit einem rigiden und zwanghaften Charakter werden solch eine Welt als attraktives Lebensumfeld empfinden. Unübersehbar ist die Nähe des Transhumanismus zur Philosophie Kants und seinem Programm der Selbstdisziplinierung. Kants These, wonach der Mensch nur durch strenge Erziehung zum vernünftigen Menschen werden könne, wird bei den Transhumanisten durch die Behauptung ersetzt, dass der Mensch nur durch technische Manipulation zum vollständigen Menschen

---

[*] Erich Fromm, *Die Revolution der Hoffnung*, Reinbek bei Hamburg: Rowohlt 1980, S. 47

werde. Was bei Kant eine eiserne Erziehung mit Rohrstock leisten sollte, wird bei den Transhumanisten zur Gleichschaltung der Körper durch Technik. Der transhumane Mensch hätte sich ganz von seinem Leib gelöst – wenn er nicht das Produkt eines Geistes ohne Bodenhaftung wäre.

Eine neue philosophische Lebenskunst

Leib statt Körper, Geist und Seele

Die Leibvergessenheit hat sich tief in unsere Kultur eingeschrieben. Sie ist kein Phänomen einer kleinen intellektuellen Minderheit mehr, denn die Arbeits- und Konsumwelt verlangt heute von allen Menschen ähnliche Eigenschaften. Der *instrumentelle* Umgang mit uns selber ist zur Normalität geworden. Viele Menschen empfinden die Technik heute wie einen Teil der biologischen Evolution. Natürlich ist unsere technisch orientierte Rationalität bis zu einem bestimmten Grad Voraussetzung, um in der gegenwärtigen Gesellschaft bestehen zu können. Ein Leben ganz ohne Technik werden sich nur wenige Menschen überhaupt wünschen. Aber es ist heute schon schwierig genug, auf *destruktive Techniken* zu verzichten. Solch ein Verzicht wird zu Recht an vielen Orten diskutiert, aber viel zu selten auch umgesetzt. Es gibt jedenfalls keinen Grund, sich als Individuum jeder neuen Technik einfach zu unterwerfen.

Die Leibphilosophie will die moderne Entfremdung abmildern, indem sie die Übereinstimmung mit uns selber fördert. Es gibt ausreichend Möglichkeiten und Freiheitsspielräume, die wir nutzen können, um den Kontakt mit unserem Leib zu pflegen. Unter unserer verhärteten und oberflächlichen Kultur liegen viele Möglichkeiten erfüllten Lebens. Aber diesem Leben bringt uns kein *richtiges Denken in zehn Schritten* näher, wie manche Ratgeber versprechen. Es gibt auch kein *neues Bewusstsein*, das man wie ein Computerprogramm gegen das alte Bewusstsein eintauschen könnte. Wer sich auf solche Traumreisen einlässt, hat die Bruchlandung schon mitgebucht.

Wir wissen heute, dass in jeder Epoche ein anderes Bild vom Menschen vermittelt wurde. Doch ist jede Epoche aus bestimmten Interessen heraus entstanden. Wenn sich die Ziele und Interessen einer Gesellschaft verändern, dann verändert sich auch ihr Bild vom Menschen. Derzeit sinkt der Stern des *Homo Consumens*. Wir wissen nicht genau, durch wen dieser Menschentyp abgelöst werden wird. Wir wissen aber, dass es keinen eindeutigen Fortschrittsprozess in der Geschichte gibt, dem wir uns einfach anvertrauen könnten. Dies glaubte der Philosoph Georg Wilhelm Friedrich Hegel. Er nahm an, die Geschichte würde von einem unsichtbaren Weltgeist in eine gute Richtung gelenkt. Man müsste sich demnach nur kritiklos der Geschichte anvertrauen. Wer mag so etwas heute noch glauben? Solches Denken produzierte schon zu Hegels Zeiten reinen Untertanengeist. Weder sind wir der Gesellschaft vollkommen ausgeliefert, noch sind wir vollkommen frei. Wir haben einen Handlungsspielraum, der sich aus der Tatsache ergibt, dass wir denkende Wesen sind und in einer verhältnismäßig freien Gesellschaft leben.

Spätestens wenn eine existenzielle Entscheidung ansteht, wird uns dieser Handlungsspielraum bewusst. Das gilt natürlich ganz besonders im Fall schwerer Krankheiten. Dann stehen wir vielleicht vor der Entscheidung, ob wir in bestimmte Therapien einwilligen oder sie ablehnen. In solchen Situationen sind wir ganz auf uns selber zurückgeworfen. Diese Tatsache zu verdrängen, bedeutet Verzicht auf Selbstbestimmung. Aber ein solcher Verzicht kann sich schon früher bemerkbar machen. Insbesondere die Digitalisierung hat die Frage nach Selbstbestimmung und Privatsphäre ganz neu aufgeworfen. In hochorganisierten und technisierten Gesellschaften wird der Verlust von Selbstbestimmung gar nicht als solcher erkannt. Man lebt eben mit den üblichen Techniken und passt sich den Systemen an. Diese werden mit dem Argument verteidigt, dass sie das

Leben erleichtern würden. Doch die kritiklose Anpassung an den Geist der Technik unterwirft uns einer starren Logik. Wenn man die oben zitierte Bemerkung Max Webers über die Naturwissenschaften abwandelt, könnte man sagen: *Techniken aller Art streben nach der Herrschaft über unser Leben. Aber ob wir diese Techniken als Individuen überhaupt wollen und ob sie gut für uns sind, darüber sagt die Technik selber nichts.* Deshalb genügt es nicht, sich intellektuell auf die Welt einzulassen. Wenn wir human leben wollen, kommen wir nicht daran vorbei, eine eigene Haltung einzuüben. Leitend können dabei niemals absolut sichere Erkenntnisse der Wissenschaften oder die großen Wahrheiten der Philosophie sein. Der Wunsch nach absoluten Wahrheiten entsteht aus der Furcht vor der Freiheit. Das Ziel der Lebenskunst besteht darin, schrittweise mit sich selber vertrauter zu werden. Was der Entwicklung einer solchen Haltung entgegensteht, ist die Entfremdung von unserem Körper sowie unsere Fixierung auf die Artefakte unserer Kultur.

Wir bewegen uns täglich in einem Kosmos aus Bildern und Begriffen. Diese überlagern unsere leibliche Selbsterfahrung. *Seele, Selbst, Ich, Humanität, Freiheit*: Es ist unklar, wo ich nach meiner Seele suchen soll. Unsere Willensfreiheit wird von Neurowissenschaftlern bestritten und mit dem Begriff Humanität wurden schon Angriffskriege begründet. Hingegen können wir nicht bestreiten, dass wir uns selber leiblich gegeben sind. Je intensiver wir uns auf den Leib einlassen, desto deutlicher spüren wir, dass wir unser Leben schon immer an leiblichen Bedürfnissen und Mustern ausgerichtet haben. Wenn von *Seele* oder *Selbst* die Rede war, ging es oft um leibliche Phänomene. Die Rede von der Balance zwischen Körper und Seele bezieht sich ebenfalls auf den Leib. Sie artikuliert den Wunsch, uns leiblich integriert zu fühlen.

Den vielen schönen Worten begegnet die leibbasierte Lebenskunst mit einer realistischen Grundlage. Lebenskunst als individuelle Selbstformung war in Europa fast ausgestorben. Antike Ethik war noch ganz wesentlich verbunden mit individueller Gestaltung des eigenen Daseins. Epikurs Schule für Lebenskunst haben wir bereits kennengelernt. Allerdings ist spätestens mit dem Ende der Antike auch die Lebenskunst aus der Mode gekommen, denn es setzten sich zunehmend zentral gesteuerte Lebensformen durch. In der zweiten Hälfte des 20. Jahrhunderts nahm das Interesse an Lebenskunst dann wieder zu. Das ist mit der Kluft zwischen Wahlfreiheit einerseits und Desorientierung auf der anderen Seite zu erklären. Die Mehrheit der Menschen in den Industriegesellschaften hatte zwar enorme Freiheiten. Doch es war ihnen nicht klar, was sie damit anfangen sollen. Die bekannteste ausgearbeitete Lebenskunst stammt von dem Philosophen Wilhelm Schmid. Schmid beruft sich vor allem auf die antiken Stoiker und auf Immanuel Kant. Im Zentrum seiner Lebenskunst steht die Einsicht, dass moderne Menschen aufgrund ihrer Bindungs- und Traditionslosigkeit ihr Leben selber gestalten müssen. Die Selbstgestaltung bezieht sich in Schmids Lebenskunst aber nicht nur auf Wohnort, Fragen der Ernährung oder das Konsumverhalten. Schmid empfiehlt den Menschen, ihre Lebensform fundamental zu hinterfragen. Er geht nämlich davon aus, dass wir zwischen einer riesigen Anzahl solcher Lebensformen wählen können. Als Beispiele nennt er eine Reihe von Existenzformen, aus denen wir frei wählen sollen. Hier einige Beispiele aus Schmids Buch *Philosophie der Lebenskunst. Eine Grundlegung*: *Die exzessive Existenz, die eruptive Existenz, die erotische Existenz, die arithmetische Existenz, die spontane Existenz, die miserable Existenz, die normale Existenz, die chaotische Existenz, die altruistische Existenz, die delinquente Existenz, die Challenger-Existenz, die zappende Existenz.* Die Aufzählung endet mit der Feststellung: *Um nur diese 55*

Beispiele zu nennen.[*] Schmids Lebenskünstler ist ein Mensch, der wie auf einer Theaterbühne mit dem Leben experimentiert. Die eigene Identität ist nur eine Rolle auf Zeit, die man jederzeit wieder ablegen kann. Ein solches spielerisches Experimentieren mit verschiedenen Lebensformen hat seine Berechtigung, aber sie kann nicht das letzte Wort sein. Denn sobald ein solcher Mensch mit existenziellen Problemen konfrontiert ist, wird er sich der Bodenlosigkeit seines Lebens bewusst werden. Dieser Mensch müsste sich eingestehen, dass er bisher wie ein Ironiker gelebt hat: Es schien alles möglich, weshalb er nichts ernst zu nehmen brauchte. Wer würde denn einem arbeitslosen Freund die *delinquente Existenz* empfehlen? Oder einem deprimierten Menschen die *Exzessive Existenz*? Ein solcher Lebenskünstler muss das *wirkliche* Leben meiden, um *scheinbare* Möglichkeiten zu realisieren. Schmid lässt sich vom Konzept der Autonomie bei Kant zu der Annahme verleiten, wir könnten ganz fundamental zwischen tausenden verschiedenen Lebensformen wählen. Der Mensch kann demnach alles aus sich machen, sofern er nur will. Wenn das so einfach wäre, sähe unser Leben ganz anders aus! Wir können eben nicht beliebig wählen, wer wir sein wollen. Wir sind aufgrund unserer Biographie immer *etwas Bestimmtes.* Der moderne Geist identifiziert sich mit dem grenzenlosen Raum und der unendlichen Zeit. In einer solchen Welt scheint es auch unendlich viele Lebensformen zu geben.

Die Leibphilosophie geht von der Wirklichkeit aus, denn wir sind uns leiblich auf eine *ganz bestimmte* Weise gegeben. Wenn wir beginnen, das zu spüren, gelangen wir zu der Erkenntnis, dass wir uns selber als etwas gegeben sind, das wir selber nicht geschaffen

---

[*] Wilhelm Schmid, *Philosophie der Lebenskunst,* Frankfurt am Main: Suhrkamp 1998, S. 126

haben. Das ist die notwendige Konfrontation mit unserer Individualität. Aufgrund dieser Individualität ergeben sich ganz *bestimmte* Möglichkeiten der Veränderung und Selbstformung. Da wir uns als Resultat einer kollektiven und individuellen Geschichte vorfinden, haben wir individuelle Möglichkeiten und Grenzen. Schmids Lebenskunst führt in die Beliebigkeit, da sie diese individuelle Begrenzung nicht anerkennen will. Natürlich haben wir im Vergleich zu früheren Generationen theoretisch eine ungeheure Wahlfreiheit. Doch wieweit jeder einzelne Mensch diese theoretischen Möglichkeiten auch realisieren kann, ist eine ganz andere Frage. Wir haben die Freiheit, uns zu uns selber in bestimmter Weise zu verhalten und an uns zu arbeiten. Der Rahmen des Möglichen ist aber individuell begrenzt, daran lässt sich nichts ändern. Diese Tatsache sollten wir dankbar zur Kenntnis nehmen, denn wir würden es nicht aushalten, aus einer riesigen Anzahl von Lebensformen *genau eine* wählen zu müssen. Hätten wir uns nach langem Ringen endlich entschieden, überkämen uns im nächsten Moment Zweifel, ob eine andere Lebensform nicht vielleicht doch passender wäre. Man kennt das von Kaufentscheidungen: Oft wäre es besser, nur fünf Alternativen zu haben anstatt tausend. Es steht fest: Wir brauchen etwas in uns, an dem wir uns orientieren können. Ansonsten würden wir uns in einer gefühlten Unendlichkeit verlieren. Wie wir gesehen haben, wären wir ohne den gespürten Leib niemand, da sich unser Denken, Sprechen und Fühlen auf nichts mehr beziehen würde. Es ist kein Zufall, dass in Zeiten zunehmender Entfremdung und Überforderung, Verantwortung zunehmend delegiert wird.

Es ist die gespürte und damit die leibliche Wirklichkeit, die uns ein Mindestmaß an Halt und Orientierung gibt. Wenn wir uns im Sinne der antiken Lebenskunst fragen, was wir aus uns machen können, so lautet eine mögliche Antwort: *Besinne dich zunächst auf deine*

Leiblichkeit. Was immer uns belastet oder bedrückt – nur als leiblich gespürte Probleme sind es wirklich *unsere* Probleme. Die Konsumkultur mit ihren täglich wechselnden Bildern und Versprechen mag zu der Illusion beitragen, wir könnten zwischen Identitäten und Lebensformen wählen wie zwischen Produkten. Man sollte das Spiel mit Stimmungen und Moden in den kapitalistischen Konsumgesellschaften nicht mit wirklichen Existenzformen verwechseln. Denn der Mensch hinter den Masken bleibt doch weitgehend derselbe. Vor allem aber bleibt solch ein Spiel mit Lebensformen angewiesen auf eine florierende Konsumgesellschaft ohne Energiekrisen und Pandemien, nicht zu reden von schweren Krankheiten oder anderen persönlichen Schicksalsschlägen.

Lebenskunst kommt heute am Leib nicht vorbei, wenn sie sich nicht in schönen Worten und einigen klugen Lebensregeln erschöpfen soll. Wie wir gesehen haben, stand die Abtötung des Leibes schon bei Platon im Zentrum der Philosophie. Heute wären viele Menschen bereit, ihren Leib durch eine Maschine zu ersetzen. Wäre es tatsächlich möglich, den Menschen in eine Maschine zu transformieren, dann müssten Philosophen natürlich die Frage diskutieren, ob man dem Menschen oder der Maschine den Vorzug geben soll. Wir müssen aber davon ausgehen, dass der Mensch immer ein leibliches Wesen und damit ein Stück Natur bleiben wird. Deshalb kann es nur um die Frage gehen, *wie* und nicht *ob* wir in Zukunft als leibliche Wesen leben wollen. Deshalb ist es höchste Zeit, uns auf den Leib zu besinnen und ihm wieder einen festen Platz im Leben einzuräumen. Alle künftigen Entwicklungen werden uns immer als leibliche Wesen betreffen. Viele Probleme, die wir mit uns und der Welt haben, sind überhaupt nur entstanden, weil der Leib derart bekämpft wurde. Das Ziel der neuen Lebenskunst ist deshalb nicht mehr die überall beschworene Harmonisierung von Körper, Geist und Seele. Das klingt zwar vielversprechend, droht aber zur leeren Formel zu werden, solange der Körper weiter als Besitz behandelt wird. Die Grundregel der neuen Lebenskunst lautet: *Mache deine leibliche Wirklichkeit zur Basis des guten Lebens.*

Von Lebenskunst kann man dann sprechen, wenn wir unserem Leben eine bestimmte Form zu geben versuchen, anstatt uns einfach an die Gesellschaft anzupassen. Die Leibphilosophie als Lebenskunst kann sich ganz unterschiedlicher Methoden bedienen. Es gibt vielfältige Möglichkeiten, den Leib in unser Leben zu integrieren. Eigentlich könnte auch die Psychologie hilfreich sein, denn im 20. Jahrhundert kamen viele zivilisationskritische Impulse aus der Psychologie. Doch der psychologische Mainstream hat sich leider in eine andere Richtung entwickelt. Als wissenschaftliche Disziplin behandelt die Psychologie den Menschen heute überwiegend als steuerbares Wesen ohne Innenleben. Von solcher Psychologie ist die philosophische Lebenskunst streng abzugrenzen. Viele therapeutische Schulen sind diesen Weg glücklicherweise nicht mitgegangen. Doch die einflussreiche *positive Psychologie* ist auf geradezu groteske Art leibfeindlich. Für diese Entwicklung ist wesentlich der US-amerikanische Psychologe John B. Watson verantwortlich. Er wirkte in der ersten Hälfte des 20. Jahrhunderts. Selbst im wissenschaftlichen *Wörterbuch der Psychologie* findet man deutliche Worte: Watson führte demnach *einen Kreuzzug gegen das Subjektive in der Psychologie* und *hatte einen ungeheuren Einfluss auf den weiteren Gang der Entwicklung der Psychologie.*[*] Es ist ja fragwürdig genug, das Innenleben des Menschen einfach zu ignorieren. Aber eindeutig skandalös ist ein *Kreuzzug gegen das Subjektive* durch einen Psychologen. Denn dieser hat es mit nichts anderem als diesem Subjektiven zu tun,

---

[*]   *Wörterbuch Psychologie*, München: dtv 2008, S. 18

sofern er seinen Beruf ernst nimmt. Es soll Psychologinnen und Psychologen laut Watson überhaupt nicht mehr interessieren, was Menschen fühlen oder denken. Das Innenleben des Menschen hat er einfach zur Fiktion erklärt. Was man nicht deutlich sehen und messen kann, muss aus dem wissenschaftlichen Weltbild entfernt werden – Demokrit lässt grüßen. Auch Psychologen haben also mitgeholfen, die Selbsterfahrung und damit die Leiblichkeit nachhaltig zu entwerten. Der Mensch wird auch in vielen psychologischen Schulen auf seinen Körper reduziert. Seine Individualität hat auch hier zu schweigen.

Besonders einflussreich ist heute die sogenannte *positive Psychologie* mit all ihren Spielarten und Methoden. Sie ist ein weiterer Hemmschuh für die Entfaltung unseres Innenlebens. Diese Psychologie steht ganz im Dienst der Selbstoptimierung und Selbststeuerung des Menschen. Ihr Hauptmerkmal ist die Forderung nach einem widerstandslosen Optimismus aller Menschen. Wer zweifelt, melancholisch ist oder gegen Unzumutbares aufbegehrt, mit dem stimmt grundsätzlich etwas nicht. Positive Psychologen haben nur ein Ziel: Den Menschen an die Gesellschaft anzupassen. Es interessiert sie nicht, ob die Gesellschaft uns überhaupt Grund zum Optimismus gibt. Erich Fromm hatte noch behauptet, dass in psychischer Hinsicht die Gesunden die Kranken seien und die Kranken die Gesunden. Denn die Industriegesellschaften seien eben krankmachend. Wer überhaupt kein Unwohlsein mehr spüre, der hat sich laut Fromm ans Unmenschliche vollkommen angepasst. Die positive Psychologie will von solchen Problemen nichts hören. Ihr kommt es nur darauf an, dass die Menschen fröhlich mitmachen und überall die berühmten halbvollen Gläser sehen. Der Mensch soll auf diese Weise dazu gebracht werden, als Teil der großen Maschine reibungslos zu funktionieren. Solche Psychologie lebt zwar von dem Versprechen, es gehe ihr nur um das Glück und das Wohlbefinden des Individuums. Doch es geht ihr in Wahrheit nur um die Steigerung des Selbstzwangs. Durch die mantrahaften Reden von positiven Gefühlen, Glück und Erfolg wird der kalte und instrumentelle Charakter solcher Techniken verdeckt. Widerstand gegen Unzumutbares soll in grenzenlosen Optimismus verwandelt werden. Man muss schon sehr stark sein, um solchen Fulltime-Optimisten etwas entgegen zu setzen. Die Methoden dieser Psychologie finden sich heute auf allen Ebenen des gesellschaftlichen Lebens. Erich Fromm bescheinigte Menschen, die sich derart bedenkenlos an die Erfordernisse des Marktes anpassen, einen *Marketing-Charakter* zu haben:

> *«Für diesen Marketing-Charakter verwandelt sich alles in Konsumware – nicht nur die Dinge, sondern auch der Mensch selbst, seine physische Energie, seine Fertigkeiten, sein Wissen, seine Meinungen, seine Gefühle, ja sogar sein Lächeln. Dieser Charaktertyp ist historisch gesehen eine neue Erscheinung, denn er ist das Produkt eines voll entwickelten Kapitalismus.»* [*]

Die positive Psychologie ist ein Werkzeug zur Erzeugung des Marketing-Charakters. Menschen mit einem solchen Charakter entfalten nicht ihre Persönlichkeit, sondern verwandeln sich in ein marktkonformes Produkt.

Viele Menschen können sich nicht vorstellen, dass ihr Leben auch ohne riesigen materiellen Aufwand und ständige Steigerung

---

[*] Erich Fromm, *Anatomie der menschlichen Destruktivität*, Stuttgart: DVA 1974, S. 317

lebenswert sein könnte. Unsere leibfeindliche Kultur weiß kaum noch etwas vom unmittelbaren Genuss des Lebens. Der exzessive Konsum ist generell ein Ausdruck der Entfremdung vom unmittelbaren Dasein und damit auch von der leiblichen Wirklichkeit. Eine Gesellschaft, die nur auf Produktion und Konsum ausgerichtet ist, erzeugt ständig Gefühle des Mangels, gleichgültig wie sehr das der Realität widerspricht. Die Folgen unseres Lebensstils sind vielen Menschen bewusst. Doch leider erwecken Debatten über einen nachhaltigeren Lebensstil oft den Eindruck, es gehe dabei nur um Verzicht und schlechte Laune. Dabei hatte doch schon Epikur aufgezeigt, dass weder Lust noch Glück unendlich steigerungsfähig sind. Wer mehr genießen will, der muss daher seine Genussfähigkeit verfeinern, statt einfach die begehrten Objekte zu vergrößern oder zu vermehren. Die derzeitigen Konsumgesellschaften mit ihrer Wachstumslogik werden so lange wie möglich verteidigt und gefördert werden. Denn ihre Logik entspricht der Mentalität der Neuzeit seit Bacons Neu-Atlantis und ist daher tief verwurzelt. Doch haben wir als Individuen jederzeit die Möglichkeit, durch Übung unmittelbar etwas zu ändern. Ein nur an Konsum und Besitz orientiertes Leben ist überhaupt kein richtiges Leben mehr, da es auf tote Gegenstände fixiert ist. Aber wer das nicht *spürt*, wird wenig motiviert sein, etwas zu ändern.

Wir sind zwar heute einem permanenten Stress ausgesetzt. Der Soziologe Hartmut Rosa behauptet sogar, in unserer spätkapitalistischen Gesellschaft würden jede Nacht mehr Menschen schweißgebadet aufwachen, als in totalitären Systemen. Angst ist neben Einsamkeit vermutlich eine der größten persönlichen Lasten in kapitalistischen Gesellschaften. Aber trotz Druck und Beschleunigung: Wir haben heute genügend Zeit, um uns diesem Stress zeitweise zu entziehen und neue Formen des Umgangs mit uns und der Welt einzuüben. Wenn allerdings Kinder heute die Welt jenseits digitaler Geräte überhaupt nicht mehr kennenlernen, könnten ihnen später auch die letzten Notausgänge aus der stresserzeugenden virtuellen Welt versperrt sein.

Ethik war, wie schon erwähnt, in der Antike ganz selbstverständlich mit Übung verbunden. Das ist leider verloren gegangen, denn wir versuchen Probleme allein mit unserem Verstand zu lösen. Die fernöstlichen Meditations- und Körperübungen haben den Aspekt der Übung nach Europa zurück gebracht. Es sollte in einer ernsthaften philosophischen Ethik nicht nur um rechthaberische Argumente oder um taktisch einsetzbares Wissen gehen. Solche ethischen Debatten füllen mittlerweile die philosophischen Bibliotheken. Die leibliche Lebenskunst ist dagegen keine reine Theorie. Sie geht davon aus, dass modernes Leben defizitär ist, weil der Mensch in kapitalistischen Gesellschaften immer instrumentalisiert wird. Deshalb müssen wir nach Methoden suchen, die wirklich an den *Wurzeln des Problems* ansetzen. Das Wissen, wie wir uns selber verändern können, ist in unserer Kultur weitgehend verloren gegangen. Durch das dominierende mechanistische Menschenbild verstehen wir Veränderung nicht als langfristigen Prozess. Wir erwarten immer sofort wirkende Lösungen. Die gesamte Kindheit ist aber eine Zeit der Gewöhnung und Einübung. Niemand würde von einem Kind verlangen, Sprachen oder soziale Kompetenzen über Nacht zu erlernen. Wachstum und Entfaltung des erwachsenen Menschen funktionieren nicht anders. Menschen verändern sich nicht über Nacht. Die Integration des Leibes in unser alltägliches Leben ist ein Projekt, für das wir einige Zeit einplanen sollten.

Spüren lernen

Die Leibphilosophie kann in alle bekannten Körperpraktiken integriert werden. Viele dieser Praktiken beziehen sich ohnehin auf den gespürten Leib, und nicht auf den äußerlichen Körper. Dass die Unterscheidung zwischen Körper und Leib keine philosophische Spitzfindigkeit ist, dürfte mittlerweile deutlich geworden sein. Denn die Identifikation mit dem Körper kann dem leiblichen Spüren geradezu im Wege stehen. Das hat folgenden Grund: Wenn wir uns genau beobachten, werden wir feststellen, dass wir selbst bei meditativen Übungen wie Yoga zu oft im Kopf verharren. Das gilt besonders, sobald wir uns von anderen beobachtet fühlen. Dann dominiert die Sorge, keine gute Figur zu machen. Es ist wirklich erstaunlich, wie sehr wir stets darum bemüht sind, keine Abweichungen von den als normal geltenden Bewegungen zuzulassen. Hier zeigt sich, dass Erziehung und Sozialisation viel stärker in den Körper eingreifen, als uns gemeinhin bewusst ist. Wir schreiben solche Prägungen eben der Seele oder der Psyche zu, aber nicht dem Körper.

Ermöglicht wird diese Selbstkontrolle durch das sogenannte *Körperbild*. Dieses bildet sich aufgrund der Tatsache, dass uns unser Körper als ein Ding im Raum erscheint, das wir ertasten und auch sehen können. Durch das Körperbild können wir uns ständig vorstellen, wie andere Menschen uns in diesem Moment sehen. Das Körperbild hat natürlich eine wichtige Funktion im alltäglichen Leben. Allerdings ist es eben auf den Körper bezogen. Der Leib ist daran zwar beteiligt, denn wir müssen uns spürend selber wahrnehmen, damit sich das Körperbild überhaupt bilden kann. Aber wir sind nicht auf den gespürten Leib fokussiert, sondern auf das Körperbild vor unserem geistigen Auge. Es kommt deshalb darauf an, die Balance zwischen Körperbild und gespürtem Leib zu finden. Dann gewinnt das Leben an Tiefe, ohne dass wir in uns selbst versunken sind. Durch aufmerksames üben stellt sich diese Balance ein.

Was dem leiblichen Spüren auch im Wege stehen kann, ist die Bedeutung, die wir unserem Aussehen beimessen. Das ist zwar kein neues Phänomen. Seit Jahrtausenden frisieren, tätowieren und schminken sich Menschen weltweit. Allerdings ist auch hier die kapitalistische Gesellschaft extrem einseitig geworden. Viele Menschen manipulieren heute ihren Körper bis ins kleinste Detail, die Schönheitschirurgie lebt auch von einer neurotischen Fixierung auf kleinste Unebenheiten. Es kommt vielen Menschen überhaupt nicht mehr darauf an, wie sie sich fühlen, sondern nur noch, wie sie den anderen erscheinen. Auch hier dominiert der Marketing-Charakter. Wer sich hingegen selber spürt, wird die Manipulation des Körpers nicht auf die Spitze treiben. Denn solch ein Mensch erlebt den Körper als etwas Lebendiges, und nicht als leblose Statue. Ein anmutiger Mensch bewegt sich natürlich und harmonisch. Solch ein anmutiger Mensch ahmt niemanden nach, sondern er folgt seinen leiblichen Impulsen. Anmut wird uns allerdings systematisch abtrainiert. Wir lernen schon sehr früh, uns selber möglichst permanent durch die Augen anderer zu sehen. Das Körperbild bildet in unserer Kultur viel zu früh im Leben eine innere Kontrollinstanz. Sozialisation bedeutet auch, Anmut durch genormte Bewegungen zu ersetzen.

Was bedeutet es nun aber konkret, sich zu spüren? Wie der Leib im Gegensatz zum Körper erlebt werden kann, habe ich im ersten Kapitel beschrieben. Der Leib ist das, was wir im Bereich des

Körpers von uns selber spüren. Der gespürte Leib ist als Grund-stimmung stets im Hintergrund präsent, regelmäßig treten ein-zelne Bereiche heraus, die wir als Leibesinseln wahrnehmen. Nur durch unseren Leib befinden wir uns überhaupt in der Welt. Da wir weder in einer abgeschlossenen Seele noch im Gehirn leben, haben wir jederzeit die Möglichkeit, uns dieser leiblichen Ausdehnung spürend zu versichern. Wenn wir uns spürend auf unseren Körper einlassen, dann nehmen wir zunächst ein Pulsieren wahr. Dieses Pulsieren ist stets präsent, wird allerdings durch den Lärm im Kopf oder die Unruhe in der Umgebung kaum noch wahrgenommen. Das Pulsieren ist nicht nur ständig spürbar, sondern es ist auch ein Indikator unserer Lebendigkeit. Je lebendiger ein Mensch ist, desto intensiver wird er das Pulsieren erleben können. Da wir uns leider oft in einem Zustand gedämpfter Lebendigkeit befinden, kann sich der Leib durchaus auch leblos oder taub anfühlen. Das ist heute eine sehr verbreitete Erfahrung. Insbesondere gezielte Atem- und Körperübungen können helfen, zunächst die eigene Lebendigkeit zu steigern. Dann werden wir auch das Pulsieren intensiver wahr-nehmen können. Neben dem Pulsieren gibt es noch eine andere Aktivität unseres Körpers, die ständig spürbar ist. Allerdings for-dert auch sie eine erhöhte und geschulte Aufmerksamkeit. Das ist die kontinuierliche Atembewegung. Diese ist bekanntlich eine Vor-aussetzung für unser Leben. Das Wissen wir zwar, doch schenken wir dieser Tatsache viel zu wenig Aufmerksamkeit. Mit jeder Ein-atmung weitet und spannt sich der Körper, die Ausatmung stellt hingegen eine Phase der Entspannung dar. Die Atembewegung kann sehr eingeschränkt und verkümmert sein. Auch hier helfen Übungen, um langsam zur Vollatmung zurückzukehren. Allerdings sind auch hier keine Erfolge von heute auf morgen möglich, denn es gilt ja über Jahre eingeübte Muster zu verändern. Um mit dem Leib in Kontakt zu bleiben, kann man die Aufmerksamkeit möglichst oft auf die Atmung und das Pulsieren lenken. Darüber hinaus sind alle Körperübungen förderlich, sofern sie mit der Fokussierung auf das leibliche Spüren ausgeführt werden. Kontraproduktiv sind in diesem Zusammenhang Praktiken wie Neuro-Pilates, Neuro-Yoga oder Neuromeditation. Unser Gehirn ist unserer Selbsterfahrung ohnehin nicht zugänglich, wir können ihm nur geistig gewisse Erlebnisse zuordnen. Natürlich klingt der Zusatz *neuro* modern und darüber hinaus nach Erfolg. Aber wie wir gesehen haben, spiegelt die Spaltung des Menschen in Körper und Seele bzw. Gehirn eine lebensfeindliche Haltung. Diese Spaltung ausgerechnet durch Leibesübungen zu vertiefen ist eine eigenartige Idee. Selbstverständlich wirken sich viele Übungen genauso positiv auf das Gehirn aus, wie auf andere Organe auch. Dazu bedarf es aber keiner besonderen Fixierung auf das Gehirn.

Viele Menschen haben den Wunsch nach Bewusstseinserweiterung oder nach spirituellen Erfahrungen. Was *man* denkt und fühlt, ist für diese Menschen offensichtlich unbefriedigend. Das eigene Bewusstsein erscheint ihnen eindimensional und beengt, weshalb sie es erweitern möchten. Doch die Spaltung des Menschen in Körper und Geist führt in vielen Fällen dazu, die fehlenden Dimensionen des Lebens am falschen Ort zu suchen. Aus diesem Grund führen viele religiöse und esoterische Praktiken allenfalls zu Erfahrungen, die schnell wieder verblassen. Es ist in diesem Zusammenhang auch zu bedenken, dass die Depression heute eine weit verbreitete Erscheinung ist. Das bedeutet aber nicht, dass es eine Gruppe von Menschen gibt, die schwer depressiv ist, und eine andere Gruppe, die es überhaupt nicht ist. Vielmehr gibt es viele Abstufungen: Von Niedergeschlagenheit über die leichte und mittlere Depression bis hin zu schweren Depressionen. Es ist eben eine Volkskrankheit, deren Ursachen zumindest teilweise sozial bedingt sind. Außerdem sind wir aufgrund der Verbreitung häufig von Menschen umgeben, die zumindest leichte Anzeichen einer Depression haben. Daraus folgt, dass unsere Gesellschaft eine deprimierende Wirkung auf die Menschen hat, die in ihr leben. Es überrascht daher nicht, dass viele esoterische Theorien einen statischen und konstruierten Charakter haben. Das macht sie ohne große Anstrengungen konsumierbar, ohne die eigene Erstarrung hinterfragen zu müssen. Aber eine *starre* Theorie kann uns niemals *lebendiger* machen. Esoterische und auch philosophische Welterklärungen verschaffen allenfalls kurzfristig ein wenig Aufhellung, da sie den Horizont kurzfristig erhellen können. Aber ihre Wirkung verblasst schnell, die Suche nach einem Ausweg beginnt von vorne. Auch wenn wir uns an diese Tatsache erst gewöhnen müssen: Selbst an tiefsten religiösen Erfahrungen ist der Leib beteiligt. Der gespürte Leib ist die Bedingung jeder individuellen Erfahrung. Deshalb wäre es wichtig, den gespürten Leib künftig in jede religiöse und meditative Praxis einzubeziehen.

Neben religiösen Erfahrungen gibt es etliche andere leibliche Aktivitäten, die sich zur Einübung in das eigenleibliche Spüren hervorragend eignen: Essen, Kunstgenuss, sportliche Aktivitäten, Tanz und natürlich Sexualität. Diese Aktivitäten leiden heute unter dem Diktat einer instrumentellen Vernunft. Was immer wir tun: Wir fragen nach dem Gewinn, den eine Tätigkeit verspricht. Das Essen dient der Erhaltung des Lebens, Sport erhält gesund und Sexualität soll uns glücklich machen. Dieser instrumentelle Aspekt ist zwar nicht vollkommen falsch, denn die meisten Menschen wollen ihr Leben erhalten und auch gesund und glücklich sein. Allerdings ist es sehr fragwürdig, *nur* den instrumentellen Aspekt gelten zu lassen. Uns entgehen dann wesentliche Qualitäten des Lebens. So wichtig es ist, sich mit Fragen der Ernährung und Bewegung zu beschäftigen: Es sollte der Tag kommen, an dem wir uns diesen Tätigkeiten einfach hingeben können, ohne sie als technische Notwendigkeiten zu betrachten. Hermann Schmitz rechnet übrigens das Löschen starken Durstes zu den intensivsten leiblichen Erfahrungen. Das wird viele Menschen verblüffen, denn Trinken ist doch eigentlich eine Nebensache. Man kann deshalb nur dazu raten, sich vorurteilsfrei auf den Leib einzulassen. Dann wird man entdecken, dass er so manche Überraschung bereithält.

Natürlich ist die Sexualität untrennbar mit dem Leib verbunden. Wenn sie aber in diesem Buch trotzdem nirgends im Zentrum steht, so hat das folgenden Grund: Wir leben in einer übersexualisierten Gesellschaft. Die Sexualwissenschaftlerin Ingelore Ebberfeld (1952–2020) hat den heutigen Umgang mit Sexualität als *Supergau* bezeichnet. Allerdings nicht aus Prüderie, sondern weil sie Schamgrenzen verletzt sieht und außerdem daran zweifelt, dass Jugendliche sich überhaupt noch gesund entwickeln können. Die Allgegenwart von Sexualität und eine weitgehende Tabulosigkeit führen nicht zur Entdeckung und Entwicklung der eigenen Leiblichkeit. Die Leibphilosophie geht davon aus, dass Sexualität eine individuelle leibliche Angelegenheit ist. Sie erwacht und wächst in einem Menschen, der mit seiner Leiblichkeit vertraut ist, und daher Sexualität nicht als bloße Enthemmung erlebt. Erinnern wir uns: Erich Fromm hatte schon beobachtet, dass die Sexualität zur *technischen Fertigkeit* und zur *Liebesmaschine* geworden ist. Diese Art von Sexualität ist auf den instrumentellen Körper reduziert, der Leib ist daran nur am Rande beteiligt. Befriedigende und humane Sexualität setzt nicht Enthemmung und rein technisches Können voraus, sondern vertraut sein mit sich selber und der Partnerin bzw. dem Partner.

Modernes Leben bedeutet Aktivität. Selbst Entspannungsübungen dienen oft nur der Erhaltung oder Steigerung von Aktivität. Seit

Jahrzehnten beschleunigt sich das Leben kontinuierlich, die Reizüberflutung nimmt zu, natürliche Rhythmen werden kaum noch beachtet. Doch die meisten leiblichen und körperlichen Vorgänge geschehen ganz von selber. Wir können sie gar nicht aktiv steuern, da sie mit der Entstehung unseres Lebens in Gang gesetzt wurden. Müssten wir den gesamten Körper selber steuern, dann wären wir den ganzen Tag mit nichts anderem beschäftigt. Es ist deshalb wichtig, den Unterschied zwischen Aktivität und Passivität nicht nur zu verstehen, sondern auch zu erfahren. Wer schon intensivere Erfahrungen mit Meditationsübungen oder Yoga gemacht hat, wird vielleicht wissen, wovon die Rede ist. Wir können durch solche Übungen unmittelbar erfahren, dass wir nicht Urheber all dessen sind, was permanent in uns vorgeht. Nur ein kleiner Bereich unseres Körpers ist unserem Willen zugänglich und daher bewusst steuerbar. Wir können unseren Körper auf Befehl innerhalb bestimmter Grenzen bewegen. Auch in die Atembewegung können wir willentlich eingreifen. Doch der restliche Körper muss von selber funktionieren. Heute herrscht die Vorstellung, man müsse ständig noch etwas optimieren oder durch Medikamente verbessern, auch wenn ein Mensch an sich gesund ist. Das bringt das leibliche Gleichgewicht genauso durcheinander, wie Eingriffe in die Natur das ökologische Gleichgewicht stören.

Es ist eine irrige Vorstellung, wir könnten unseren Körper jemals vollständig kontrollieren. Das Resultat wäre ein Leben, wie es Immanuel Kant geführt hat. Wenn wir das Leben genießen wollen, müssen wir uns ihm zeitweise anvertrauen. Das gilt für das Leben im Allgemeinen, für den Leib gilt es ganz besonders. Wer sich seinem Leib überhaupt nicht überlassen kann, wird schon Schwierigkeiten haben, überhaupt entspannt einschlafen zu können. Auch die Sexualität wir dann als unbefriedigend erfahren. Denn hier geht es darum, sich fallenzulassen. Die englischen Ausdrücke *to fall asleep* und *to fall in love* enthalten genau diesen Aspekt. Je rigider wir nach Kontrolle über uns streben, desto schwieriger fallen uns grundlegende Dinge im Leben. Es sind zwar oft nur die *kleinen Dinge*, doch unser Leben besteht aus einer Abfolge *kleiner Erlebnisse*, unterbrochen von wirklichen Hoch- und Tiefpunkten.

Weiter sind alle meditativen Übungen geeignet, um uns daran zu gewöhnen, dass etwas mit uns geschehen kann, ohne dass wir es aktiv herbeiführen müssen. Dies kann auch im Alltag gut geübt werden, denn weder wir selber noch die Natur sind an sich tot und stumm. Wenn wir uns auf das innere Pulsieren oder die Atembewegung konzentrieren, erleben wir uns als durch und durch lebendige Wesen. Die moderne Langeweile ist auch eine Folge der Leibvergessenheit. Wenn wir uns in eine solche Haltung einüben, werden uns die Allmachtsphantasien unserer Kultur nicht mehr viel zu sagen haben. Denn der Mensch des Gotteskomplexes hat Angst vor jeder Art von Passivität, da er sie mit Ohnmacht und Abhängigkeit gleichsetzt. Wir werden anerkennen, dass letztendlich nicht wir es sind, von denen unsere Existenz abhängt. So sehr wir uns bemühen und versuchen, dem vorzubeugen: unser Körper kann krank werden, unvorhergesehene Dinge können und werden geschehen. Jeder Mensch altert und der Körper verändert sich dementsprechend. So verständlich es ist, diese Prozesse abzumildern, aufhalten können wir sie nicht. Es gibt Prozesse an uns, die wir einfach als gegeben hinnehmen müssen.

Die Natur in uns

Im Laufe der Jahrhunderte hat sich nicht nur die Meinung darüber, was die Welt sein könnte, ständig verändert. Auch die Frage, was der Mensch selber ist, wurde immer wieder neu diskutiert. Der Mensch schreibt sich zwar Bewusstsein, enorme Intelligenz und Bildung zu. Aber er rätselt trotzdem bis heute, wer er eigentlich ist. Dementsprechend hat jede Epoche ihr eigenes Menschenbild entwickelt. Heute definiert man uns als eine Art hirngesteuerter Computer. Vorübergehend verwechselte sich der Mensch mit Gott, heute ist er offenbar bescheidener geworden, und verwechselt sich mit einem Computer. Auch dieses Selbstbild wird eines Tages durch ein anderes abgelöst werden. Die Menschen werden dann den Neurozentrismus ihrer Vorfahren für naiv halten.

Eines wollte der Mensch jedenfalls nie sein: Ein ganz normales Tier unter anderen Tieren. Es galt daher, sich von der Welt der Tiere so weit wie möglich zu distanzieren. Doch alle Versuche seit Platon, den Menschen von der Natur unabhängig zu machen, müssen als gescheitert gelten. Den einzelnen Menschen hat dieses Projekt in eine Sinnkrise geführt. Wenn wir Frieden mit unserem Leib schließen, dann schließen wir auch Frieden mit der Natur. Denn durch unseren Leib sind wir nicht nur irgendwie mit der Natur verbunden. Wir sind durch ihn selber ein Teil der Natur. Gernot Böhme hat den Leib deshalb als *die Natur, die wir selber sind* definiert.[*] Man kann ergänzen: Da wir absolut an unseren Leib gebunden sind, sind

---

[*] Gernot Böhme, *Leibsein als Aufgabe*, Kusterdingen: Die Graue Edition 2003, S. 62

wir durch diesen Leib auch absolut an die Natur gebunden. Wie bei der absoluten Identität, so hat auch hier der scheinbar dogmatische Begriff *absolut* seine Berechtigung. Denn es wird niemals einen Menschen geben, der unabhängig von der Natur lebt. Man denke nur an den absurden Aufwand, Menschen im Weltraum am Leben zu erhalten. Dieser Aufwand ist ja nur deshalb notwendig, weil der Mensch kein *Superman*, sondern ein Stück Natur ist.

Schon in der Antike begann die Abgrenzung des Menschen von der Natur. Als Sokrates von seinem Gesprächspartner Phaidros vor die Stadtmauern von Athen geführt wurde, kam es zu einem denkwürdigen Gespräch über die Natur:

«*Sokrates: Nun, bei Hera, das ist eine schöne Ruhestätte! Ist doch diese Platane von gewaltiger Breite und Höhe, und die Krone des Baumes und der Schatten, den sie wirft, ist wunderschön; und wie steht er doch in voller Blüte, dass der ganze Ort so herrlich davon duftet! Und unter der Platane sprudelt eine wunderliebliche Quelle mit frischestem Wasser, wie sich erweist, wenn man den Fuß hineinhält... Und wenn du ferner willst: wie lieblich und angenehm ist der Luftzug an diesem Orte, und wie ertönt in ihm die helle Sommermelodie des Grillenchores! Das Allerherrlichste aber ist der Rasen, der so üppig wächst am sanft ansteigenden Rain, dass er eine gar schöne Unterlage bietet, wenn das Haupt darauf legt. Deine Führung, lieber Phaidros, war also ganz ausgezeichnet.*

Phaidros: Du aber, Bewundernswerter, scheinst ein besonders merkwürdiger Mensch zu sein. Denn wie du sagst: du gleichst ganz und gar einem Fremden, der sich führen lässt. So wenig kommst du aus der Stadt oder gar ins Ausland; ja du gehst offenbar nicht einmal vor die Stadtmauern hinaus.

Sokrates: Nimm mir's nicht übel, mein Bester. Ich möchte immerzu lernen; doch die Felder und die Bäume wollen mich nichts lehren, sondern nur die Menschen in der Stadt.» [*]

Sokrates selber beschreibt den ganzen Reichtum sinnlicher Naturerfahrung: Die Bäume sind wunderschön, die Blüten duften, der Luftzug auf der Haut ist lieblich und der Grillenchor singt eine schöne Melodie. Man würde erwarten, dass er diese Erfahrung auch philosophisch für wertvoll hält. Aber Phaidros dämpft bereits diese Erwartung, indem er Sokrates als merkwürdigen Menschen bezeichnet, der wie ein *Fremder* durch die Natur geführt werden muss. Die Reaktion des Sokrates ist dann sehr ernüchternd, fast erschütternd: Die Natur könne ihn eben *nichts* lehren. Erich Fromm hatte ja dem nekrophilen Menschen bescheinigt, sein *Interesse von allem abzuwenden, was lebendig ist.* Wenn man dazu noch die Abwendung des Sokrates von seinem Leib bedenkt, dann haben wir es hier mit einer frühen Manifestation von Nekrophilie zu tun.

Nach der Antike hat das Christentum dann den Menschen als Krone der Schöpfung über die Natur gestellt. Der Mensch wurde in der Bibel sogar aufgefordert, sich die Erde untertan zu machen. Der neuzeitliche Mensch kennt dann keine Hemmungen mehr, wenn es um die Nutzbarmachung der Natur geht. Heute gibt es zwar einen wissenschaftlichen Konsens darüber, dass alle Tiere zumindest ferne Verwandte von uns sind. Damit haben wir uns zumindest

---

[*] Platon, *Klassische Dialoge*, München : dtv, S. 187

theoretisch der Natur wieder angenähert. Unser *unmittelbares* Verhältnis zur Natur ist dadurch aber keineswegs geklärt.

Sehen wir uns den Zusammenhang zwischen leiblicher Wirklichkeit und Natur näher an. Wie erwähnt, bezeichnet Gernot Böhme den Leib als *ein Stück Natur, das wir selber sind.* Wir können kaum bestreiten, dass wir leiblich von Natur durchdrungen sind. Das widerspricht allenfalls dem philosophischen Ideal vom *autarken Menschen.* Insbesondere den Stoikern war dieses Ideal besonders wichtig. Sie wollten sich so unabhängig wie möglich vom Schicksal machen. Das Schicksal des Menschen besteht eben darin, *aus der Natur zu stammen und von ihr durchdrungen zu sein.* Doch kann man das auch wunderbar verleugnen. Deshalb fordert Platon von den Philosophen, möglichst wenig mit ihrem Leib zu verkehren. So hofften die Philosophen, die Natur unter ihre Kontrolle bringen zu können. Die Trennung des Menschen in Leib und Seele diente der Naturbeherrschung. Doch ist eben Natur nicht nur *da draußen,* sondern sie geht durch uns hindurch. Das beginnt mit der Atmung, die uns vollständig von der Natur abhängig macht und uns ein Leben lang an sie bindet. Ohne Sauerstoff können wir bekanntlich nur wenige Minuten überleben und Sauerstoff ist bislang nur auf der Erdoberfläche verfügbar. Weiter müssen wir essen und trinken, sind also Teil eines natürlichen Stoffwechselprozesses. Die notwendigen Nahrungsmittel finden sich bislang ebenfalls nur auf der Erdoberfläche, also in der uns umgebenden Natur. Auch wenn dies offensichtliche Tatsachen sind, so hält sich bei vielen Menschen noch immer die Vorstellung, wir Menschen stünden außerhalb der Natur. Das Ideal einer körperlosen Seele hat unsere Kultur nachhaltig geprägt. Natürlich haben wir vielfältige kulturelle Formen entwickelt, die unsere Animalität verbergen sollen. Wir essen nicht wie die Tiere, sondern wie man eben als Mensch isst. Die Nahrungsaufnahme soll unter zivilisierten Menschen möglichst nicht daran erinnern, dass es sich um einen natürlichen Vorgang handelt. Aber so kultiviert wir auch sind, wir bleiben doch Wesen, die sich von ihrer Herkunft aus der Natur nicht lossagen können. Das liegt daran, dass wir keine freischwebenden Geister oder Seelen sind.

Auch die übliche Unterscheidung zwischen Natur und Kultur macht deutlich, dass wir untrennbar mit der Natur verbunden sind. Kultur ist das, was der Mensch geschaffen oder gestaltet hat. Natur ist das, was wir auf der Erde vorfinden, bevor wir es bearbeitet haben. Selbst die synthetische Nahrung, von der Francis Bacon und die Transhumanisten so begeistert sind, wird nie vollkommen frei von Natur sein.

Man kann sich zwar darüber streiten, *wo genau* die Grenze zwischen Natur und Kultur im Menschen verläuft. Aber es wird niemals gelingen, die Natur ganz aus dem Menschen zu verbannen, um aus ihm ein Produkt menschlicher Kultur zu machen. Auch der Cyborg wäre eindeutig noch ein Mensch und damit ein Stück Natur, gleichgültig wie viel an ihm schon manipuliert und ausgetauscht worden ist. So ein Cyborg wird niemals ein vollkommen neuer Mensch sein. Wenn der menschliche Körper künftig mehr und mehr technisiert wird, so wird er sich zwar stark verändern. Aber das hat er bisher auch getan. Erziehung bis hin zur mechanisierten Dressur durch Ideologen hat den Menschen in der Vergangenheit vermutlich stärker geprägt, als es die Technisierung jemals tun wird. Jede Epoche fördert einen ganz bestimmten Menschentyp. Der mit der Maschine verschmolzene Mensch wäre eben ein neuer Menschentyp, der perfekt in eine digitalisierte Gesellschaft passt. Aber welcher spezielle Menschentyp in einer Epoche auch dominieren mag – das Individuum wird als leibliches Wesen immer ein Stück Natur sein. Diese Einsicht relativiert auch übertriebene

Befürchtungen, wonach derzeit die *Natur des Menschen* durch die Technisierung in akuter Gefahr sei. Die *Natur des Menschen* ist ein metaphysisches Konstrukt, mehr nicht. In Gefahr sind allenfalls *wirkliche Menschen*, etwa durch den Klimawandel. Auch in der Geschichte war nie ein abstraktes *Wesen des Menschen* bedroht. Es waren immer *wirkliche* Menschen, die Gewalt oder Willkür ausgesetzt waren. So wird es auch in Zukunft sein.

Es mangelt uns heute an einem Gespür für die Natur und unsere eigene Natürlichkeit. Das liegt daran, dass die Herrschaft über die Natur zu einer Selbstverständlichkeit geworden ist. Das gilt für die äußere Natur ebenso wie für den Leib. Naturbeherrschung findet heute auf allen Ebenen statt. Wir identifizieren uns mit einem mathematischen Denken und mit der Technik. Aus dieser Haltung heraus erscheint die Natur beherrschbar. Wäre es anders, dann würden wir die Natur ganz anders behandeln. Die ökologische Krise ist seit langem bekannt, doch Wissen und Handeln klaffen bis heute auseinander. Erich Fromm hat es schon 1974 deutlich ausgesprochen:

> «*Im Namen des Fortschritts verwandelt der Mensch die Welt in einen stinkenden, vergifteten Ort (und das nicht in einem symbolischen Sinn). Er vergiftet die Luft, das Wasser, den Boden, die Tiere – und sich selbst.*» [*]

Wenn wir uns selber als ein Stück Natur *spüren*, gelangen wie ohne irgendwelche Theorien zu dem Schluss, dass die Schädigung der Natur auch selbstschädigend ist. Unsere Eingriffe in die Natur

---

[*]   Erich Fromm, *Anatomie der menschlichen Destruktivität*, Stuttgart: DVA 1974, S. 318

betreffen nicht nur Pflanzen und Tiere, sondern auch uns selber. Wir sind zwar aufgrund unserer entfalteten technischen Kultur *anders als die anderen Tiere*. Aber wir werden niemals *absolut* anders sein. Der Mensch ist bis heute das Tier, das kein Tier sein will. Verehrten frühere Kulturen Tiere noch als Götter, so setzte sich in der Neuzeit die Identifikation mit Gott durch. Der Mensch möchte seitdem selber zum Schöpfer werden. Tiere stehen deshalb in unserer Kultur moralisch immer noch unterhalb des Menschen. Wenngleich Tierquälerei mittlerweile eine Straftat ist, so sind Tiere in der Praxis nach wie vor furchtbaren Qualen ausgesetzt. Aber gerade *weil* Tiere und die restliche Natur uns heute vollkommen unterworfen sind, werden wir paradoxerweise gezwungen, uns wieder auf sie einzulassen. Denn unsere gewaltsame Naturbeherrschung stellt heute auch die Existenz des Menschen selber infrage. Die Ausrottung von Tieren und die Umgestaltung der ganzen Erdoberfläche erschienen zunächst als ein großartiger, patriarchaler Triumph. Heute müssen wir mühsam ökologische Zusammenhänge verstehen, um unser eigenes Leben abzusichern und zu stabilisieren.

Sigmund Freud nannte die Einsichten der Evolutionstheorie Darwins eine Kränkung des Menschen, denn wegen dieser Theorie musste der Mensch in den Tieren entfernte Verwandte sehen. Aus Sicht der Leibphilosophie relativiert sich diese Kränkung aber, denn sowenig der Mensch identisch mit seinem Gehirn oder seinen Genen ist, sowenig ist er vollkommen identisch mit seiner Abstammung. Wir sind als leibliche Wesen eingebettet in die uns umgebende Natur. Aber wir gehen deshalb nicht vollkommen in dieser Natur auf. Wir wissen aber auch nicht, wieweit auch andere Säugetiere über Bewusstsein verfügen und sich so von Instinkten und ihrer Umwelt distanzieren können. Dass Delphine oder Hunde keine bewusstlosen Maschinen sind, wie Cartesianer glauben, ist jedenfalls unbestreitbar. Eine vollständige Rückkehr zur Natur ist genauso unrealistisch, wie ein Leben ganz ohne sie. Wir haben keine Wahl zwischen vollkommener Harmonie oder totaler Distanz. Aber wir können die Natur wieder in unser Selbst integrieren. Dann *spüren* wir, dass wir selber ein Stück Natur sind. Denn das Verhältnis zur Natur ist in unserer Kultur grundsätzlich gestört, so Erich Fromm:

> *«Die industrielle Gesellschaft verachtet die Natur ebenso wie alles, was nicht von Maschinen hergestellt worden ist – und alle Menschen, die keine Maschinen produzieren. Die Menschen sind heutzutage fasziniert vom Mechanischen, von der mächtigen Maschine, vom Leblosen und in zunehmenden Maß von der Zerstörung.»* [*]

Wenn diese erschreckende Diagnose zutrifft, müssen wir den Klimawandel und vor allem das Artensterben mit anderen Augen sehen. Sie sind dann keine reinen Kollateralschäden des Industriekapitalismus mehr, sondern haben ihre Ursache in der Charakterstruktur vieler Menschen. Diese sind der *Natur da draußen* genauso feindlich gesonnen, wie der *eigenen Natur*. Die umgebende Natur kann man rücksichtslos behandeln und ausbeuten. Mit dem eigenen Leib ist es schon schwieriger. Was liegt da näher, als ihn einfach zur Maschine zu erklären? Und was ist diese Gleichsetzung anderes, als ein Akt der Verachtung?

Die mächtige Maschine wird leider immer mächtiger, das Leblose fasziniert immer mehr Menschen auf der Erde. Ein Stück Natur werden wir zwar immer sein, aber ob wir das auch spüren, ist eine andere Frage. Ein echtes ökologisches Bewusstsein kann deshalb

---

[*]   Erich Fromm, *Haben oder Sein*, München: dtv 1979, S. 19

nicht *allein auf Wissen* beruhen. Dem Wissen muss ein Gespür für die Natur vorausgehen. Nur dann werden wir zum Handeln motiviert. Nur ein entwickeltes Gespür für unsere Einbettung in die Natur wird unser Verhältnis zu ihr verändern. Ein Mensch, der mit sich selber in Kontakt ist und sein eigenes Leben schätzt, wird schon im eigenen Interesse sorgfältiger mit der Umwelt umgehen. Je entfremdeter ein Mensch ist, desto weniger kann man von ihm erwarten, dass ihn die Folgen seines Handelns überhaupt berühren.

Bildung gilt als Allheilmittel gegen fast jedes gesellschaftliche Problem. So ist es auch in Bezug auf die Umweltkrise. Doch Bildung im Sinne von Wissensvermittlung ist eine emotionslose Angelegenheit. Die Wirkung reiner Fakten kann man sehr gut an den ersten Reaktionen auf den Klimawandel studieren. Als der menschengemachte Klimawandel am Ende des 20. Jahrhunderts intensiv diskutiert wurde (die erste Weltklimakonferenz fand schon 1979 statt), formierte sich insbesondere in den USA Widerstand bis hin zur Gründung von Organisationen und Unternehmen, deren einzige Aufgabe es war, Maßnahmen gegen die Erderwärmung abzuwehren. Ihre Aufgabe bestand darin, die Bevölkerung davon zu überzeugen, dass es den Klimawandel gar nicht gibt oder er zumindest keine Bedrohung darstellt. Mehrere Milliarden Dollar sind seitdem in die *Leugnung des Klimawandels* investiert worden. Diese Klimawandelleugner verfügten selbstverständlich über das Wissen um den Klimawandel. Es lagen ihnen keine anderen Studien vor, die sie vom Gegenteil überzeugt hätten. Einige Ölkonzerne haben sogar selber Studien erstellt, die einen Zusammenhang zwischen fossilen Energieträgern und einer katastrophalen Erderwärmung prognostizierten. Aber sie zogen aus diesem Wissen die Konsequenz, dass es ihrem Geschäft diene, Lügen zu verbreiten. Andere Menschen hingegen hat *das gleiche* Wissen motiviert, etwas gegen die Erwärmung der Atmosphäre zu unternehmen. Das Problem war also auf keiner Seite mangelndes oder falsches Wissen. Bei einer Gruppe war es die offensichtliche Gleichgültigkeit gegenüber der Zerstörung menschlicher Lebensräume, bei der anderen die Sorge um die Zukunft. Entscheidend ist also nicht nur, welches Wissen wir zur Verfügung haben, sondern auf welche Menschen das Wissen überhaupt trifft. Gerade der rein technisch geprägte Mensch mit seinem Glauben an Fakten und technische Lösungen für jedes Problem, möchte von Humanökologie nichts wissen – es ist alles unter Kontrolle, wenn wir nur bei der Technisierung der Welt weiter aufs Tempo drücken. Wenn erst einmal zwei Milliarden Elektroautos produziert sein werden, dann wird auch die Erde wieder im Gleichgewicht sein. So will es der naive Glaube an die Technik. Eine große Anzahl von Menschen ist für ökologische Probleme unempfänglich. Deshalb kann Erich Fromm von einer Verachtung der Natur in den Industriegesellschaften sprechen. In diesen dominiert eben der narzisstische Charakter, der weder sich selber noch die umgebende Natur spürend wahrnimmt. Aus diesem Grund kann nur eine Sensibilisierung möglichst vieler Menschen zu einem anderen Umgang mit uns selber und der Natur führen. Wenn ein Wald einer neuen Autobahn oder einem Tagebau weichen soll, engagieren sich viele Menschen für die Erhaltung dieses Waldes. Sie tun das, weil sie sich dem Wald verbunden fühlen. Andere Menschen hingegen betrachten auch den Wald nur funktional und stimmen vielleicht zu, dass man die grünen Dinger so lange stehen lassen soll, bis eine effizientere Möglichkeit gefunden worden ist, um Kohlendioxid zu speichern. Im einen Fall spielt die gespürte Beziehung zur Umwelt eine Rolle, im anderen Fall wird die Natur vollkommen funktionalisiert.

Wir stehen den Problemen unserer Zeit nicht als neutrale, geistige Wesen gegenüber. Viele Menschen teilen die Menschheit in zwei

Gruppen: Die eine Gruppe glaubt an mathematische Vernunft und Wissenschaft, womit sie sich auf der Seite der Wahrheit befindet. Die andere Gruppe ist abergläubisch, da sie von der ersten Gruppe abweicht. Aber Menschen sind niemals neutral, der Glaube an Technik und Vernunft hat eine dunkle Kehrseite. Erich Fromm spricht deshalb von der *Verachtung* der Natur durch die Menschen in den Industriegesellschaften. Wer die Natur verachtet, kann nicht beanspruchen, die Wahrheit für sich gepachtet zu haben. Der Glaube daran, dass nur Wissenschaft und Technik vernünftig seien, macht die Welt mit jedem Tag unvernünftiger. Dem Weltbild der technischen Zivilisation liegt nicht die Wirklichkeit zugrunde, sondern ein mathematisches Ideal. Wir haben gesehen: Der Reduktion auf das Messbare auf Seiten der Natur entspricht die Spaltung des Menschen in Körper und Geist. So hatte es René Descartes festgelegt und so gilt es bis heute. Deshalb haben wir es in unserem technisch-wissenschaftlichen Weltbild weder mit *der Natur*, noch mit *dem Menschen* zu tun. Das Weltbild der Neuzeit wurde an die Ziele und Zwecke der Gesellschaft angepasst, nicht an die Wirklichkeit. Was der Entfaltung von Macht und Technik im Wege stand, wurde einfach für verrückt erklärt. Kant glaubte noch, dass der Mensch der Natur die Gesetze vorschreiben könne. Heute gilt es, solche Wahnvorstellungen zurückzudrängen.

Die Neuzeit hat die *gesamte* Natur entwertet: Die uns umgebende Natur ebenso wie unseren Leib. Deshalb sind wir heute von der Natur *und* von uns selber entfremdet. Viele Menschen können sich heute nicht nur ein Leben ohne Blumen, Wälder und Singvögel vorstellen, sondern sie leben bereits in solch einer Umwelt. Solange nur das Internet funktioniert und die Regale im Supermarkt voll sind, scheint die Welt für sie in Ordnung zu sein. Das naturfremde Leben führt dazu, die Welt nur noch vermittelt durch Medien

177

wahrzunehmen. Das entlastet wiederum von unmittelbarer Betroffenheit, denn wir müssen uns nur strategisch richtig positionieren, etwa als Wähler oder Konsumenten, um ein schlechtes Gewissen zu vermeiden. Doch von der Bilderflut sollte man sich nicht täuschen lassen. Die Manipulation durch Bilder und große Worte lässt sich an einem Beispiel zeigen. Als in den 60er Jahren die ersten Flüge in den Weltraum erfolgten, wurde die Raumfahrt von vielen Menschen mit humanem Fortschritt gleichgesetzt. Statt nüchtern die Umstände und die Ziele der Raumfahrt zu analysieren, wurden die neuen Bilder damals zu einem Aufbruch in eine bessere Welt verklärt. Viele Menschen verbanden mit den poetischen Berichten der Raumfahrer und den ersten Fotos von der Erde aus dem Weltraum die Hoffnung, die Menschheit möge durch diese Bilder sensibilisiert werden und fortan vorsichtiger mit dem einzigartigen Planeten umgehen. So einzigartig der Blick auf die Erde den Menschen damals erschienen sein mag: würden wir alle die Reise zum Mond öfter machen, so würde die Mehrheit der Menschen genauso gelangweilt dasitzen, wie beim Flug in den Urlaub. Es ist außerdem ein Missverständnis, dass es sich beim Blick aus dem Weltraum um einen Blick von außen handelt. Natürlich haben die Raumfahrer unsere Atmosphäre und den Bereich der Anziehungskraft der Erde verlassen. Aber trotzdem fliegen sie nur in einigen tausend Kilometern Abstand über der Erde. Es ist daher ebenso wie ein Blick aus dem Flugzeug ein Blick von oben, nur aus einer damals ungewohnten Perspektive. Lange zuvor hatte der Blick aus dem Flugzeug auf die wunderschöne Welt der pazifischen Atolle Menschen nicht davon abgehalten, einige Atolle für die ersten Atomwaffentests zu benutzen und so auf lange Zeit radioaktiv zu verseuchen. Die Raumfahrt hatte nie das Ziel, die Welt menschlicher zu machen. Hinter ihr stehen bis heute wirtschaftliche und militärische Interessen.

Wer nicht auf die große Revolution warten will, und daher selber aktiv wird, wird oft als naiv belächelt. Aber ein neues Verhältnis zur Natur muss durch möglichst viele, einzelne Menschen praktisch gelebt werden. Dazu gibt es keine Alternative. Das ergibt sich einfach aus den Machtstrukturen unserer Gesellschaft. Seit Erich Fromms Klagen über die Vergiftung der Erde vor fünfzig Jahren hat sich zwar das Bewusstsein ein wenig gewandelt. Aber die Erde wird weiterhin vergiftet und ausgebeutet. Als Individuen können wir unser Verhalten jeden Tag ändern, für Gesellschaften gilt das leider nicht. Bedenken sollten wir auch, dass man mit einer Relativierung persönlicher Verantwortung auf eine schiefe Ebene gerät, denn in anderen Bereichen des Lebens würden wir persönliche Verantwortung niemals derart abstreiten. Konformismus stellt außerdem immer eine Verletzung der eigenen Würde dar. In Wahrheit ist jede individuelle Veränderung ein winziger Schritt auf dem Weg zu einem neuen Verhältnis zu unserem Planeten und dem Leben auf ihm. An guten Vorsätzen und Absichtserklärungen mangelt es heute wahrlich nicht, doch die virtuelle Thematisierung eines Problems bedeutet noch keine reale Veränderung. Der Wunsch nach Veränderung kann zwar überall lautstark artikuliert werden, aber wir sollten nicht vergessen, dass echte Veränderung in der Wirklichkeit beginnen muss. Es klingt zwar gut, die ganze Welt verändern zu wollen. Doch *die Welt* ist ein komplexes Gebilde aus Interessen und Machtstrukturen, in die man nur schwer eingreifen kann. Es gilt daher: Lieber eine kleine, echte Veränderung in der Wirklichkeit, als tausend große Worte in den sozialen Medien. Es wird in der globalisierten Welt immer schwieriger, politische Veränderungen klug zu koordinieren und zwischen reiner Rhetorik und wirksamem Handeln überhaupt zu unterscheiden. Da sich aber kein globales Problem vom wirklichen Menschen und seinem alltäglichen Leben trennen lässt, ist jede Veränderung auf der Ebene des Individuums auch eine gesellschaftliche Veränderung. Der Ansatz der Graswurzelbewegungen gibt die Richtung vor, denn diese verändern zumindest etwas im unmittelbaren Umfeld und vielleicht auch ein Stück weit die ganze Welt.

Dem eigenleiblichen Spüren kommt für unser Verhältnis zur Natur eine überragende Bedeutung zu. Keine Warnung von Wissenschaftlern hat in der Vergangenheit zu einem nachhaltigen Umdenken geführt. Wir müssen zunächst *spüren*, wovon hier überhaupt die Rede ist. Vielen Menschen machen die gegenwärtigen Veränderungen schlicht Angst. Doch Angst lähmt bekanntlich, außerdem kann sie zu irrationalen Reaktionen führen. Wir moderne Menschen sind ohnehin äußerst anfällig für Ängste aller Art. Die Unübersichtlichkeit und Komplexität unserer Gesellschaft führt zu einer generellen Verunsicherung. Die Entfremdung von uns selber und der natürlichen Umwelt hat die Welt in einen Ort verwandelt, der uns im Grunde unbekannt ist. Die Industrialisierung schließlich hat Techniken hervorgebracht, vor denen man sich wirklich fürchten muss. Paradoxerweise hat auch die Absicherung fast aller Lebensrisiken durch die Gesellschaft nicht zu einem Abbau von Ängsten geführt. Stattdessen tauchen täglich neue Bedrohungen auf und liefern uns einen Vorwand, unser Lebensgefühl für objektiv richtig zu halten. Ohne Zukunftsängste würde unsere Wirtschaft erlahmen, viele Industrien und Dienstleistungen verlören ihre Existenzberechtigung. Wer sich wirklich Sorgen um den Planeten macht, sollte deshalb versuchen, solche Ängste nicht dominieren zu lassen.

Wir müssen auch akzeptieren, dass wir zu einem bestimmten Zeitpunkt in die Welt hineingeboren worden sind. Aus diesem Grund sind wir für viele Probleme nicht verantwortlich. Wir haben sie von anderen Generationen geerbt. Der Klimawandel ist vor allem ein Produkt des Handelns im 20. Jahrhundert. Wir können aber jederzeit unser aktuelles Verhältnis zu uns und zur Welt grundlegend überdenken. Es ist besser, das Wenige, was wir als Individuen tun können, auch wirklich zu tun, als uns selber zu suggerieren, die endlosen Diskurse in den Medien und angeblich grünen Produkte lösten tatsächlich die ökologischen Probleme.

Dem fachlich abgesicherten Wissen kommt in Umweltfragen zwar eine große Bedeutung zu, doch auf unserer individuellen Ebene kommt es vor allem darauf an, spürend in der Welt zu sein. Dann können wir nachhaltig leben, ohne ständig um Gedanken wie Statusverlust und Verzicht zu kreisen. Ansonsten wird eben die Gesellschaft den Problemen weiterhin mit Techniken begegnen, die wiederum neue Probleme produzieren. Beim Thema Mobilität etwa sollte es nicht primär um die Frage gehen, welche technischen Antriebe wir künftig wollen. Vielmehr gilt es Mobilität wieder als leibliche Aktivität zu begreifen. Beim Thema Ernährung kann es nicht darum gehen, durch ein paar grüne Siegel die völlig falschen Strukturen der Lebensmittelproduktion zu erhalten. Es gilt zu begreifen, welche Bedeutung Ernährung für uns persönlich als leibliche Wesen hat. Wenn es tatsächlich fünf vor zwölf ist, dann gilt es, unser Verhältnis zur Welt grundlegend zu erneuern. Es ist sinnlos, falsche Produkte gegen andere falsche Produkte auszutauschen. Ein freundschaftliches Verhältnis zu uns selber ist die Grundlage für ein freundschaftliches Verhältnis zur Erde.

Vom Sinn des Schmerzes

Technik umgibt uns nicht nur auf Schritt und Tritt, sie rückt uns auch zunehmend auf den Leib. Gernot Böhme sieht aus diesem Grund die Menschenwürde heute unmittelbar am menschlichen Leib bedroht. Deshalb fordert er das Neinsagen-Können als moralische Kompetenz. Das bedeutet: Wir müssen von Grund auf lernen, uns bewusst für oder gegen etwas zu entscheiden. Böhme bezieht sich auf alle Techniken und Therapien, die direkt in unseren Körper eingreifen. Wie wir wissen, nimmt ihre Zahl kontinuierlich zu. Schon weil künftige Entwicklungen nicht genau vorhersehbar sind, sollten wir uns in das Neinsagen-Können einüben. Immer mehr Menschen werden künftig vor der Entscheidung stehen, sich für oder gegen einen bestimmten Eingriff in ihren Körper zu entscheiden. Es genügt dann nicht, sich möglichst viele Informationen zu beschaffen. Es ist in diesem Bereich noch drastischer als bei ökologischen Problemen: Solange ich nicht *spüre*, was ich will, werde ich eine Entscheidung entweder delegieren oder mich an der Mehrheit orientieren. Wenn mir aber meine Würde als Mensch am Herzen liegt, dann werde ich versuchen, mich auf *eigene Entscheidungen* vorzubereiten.

Der ideale Patient der Zukunft ist mit diversen Geräten bestückt, die seinen Körper permanent überwachen. Gibt es Auffälligkeiten, so wird eine Meldung abgesetzt. Oder besser noch: Das selbstfahrende Auto fährt ihn ohne Diskussion auf direktem Weg ins Krankenhaus. Der Mensch ist nicht dann krank, wenn er sich krank fühlt. Die Geräte verkünden, dass es am Körper Abweichungen vom

Normalbetrieb gibt, worauf die Maschinerie in Gang gesetzt wird. Diagnose und Behandlung könnten so ganz ohne die Beteiligung des Patienten ablaufen. Dieser braucht nicht subjektiv zu *spüren*, dass etwas nicht stimmt. Denn das Gerät stellt es aufgrund *objektiver* Messdaten fest. In einem solchen Szenario wäre unser Leib weitgehend enteignet und unserem Zugriff entzogen. Der Mensch würde zwar noch seinen Körper bewohnen. Aber er behandelt ihn nicht anders, als ein Haushaltsgerät. Vielleicht würde sich in einer solchen Welt eine kleine Minderheit noch immer mit Fragen der Gesundheit beschäftigen. Aber in den Augen der Mehrheit wären das die Unvernünftigen. Ähnlich hat der Kulturkritiker Ivan Illich (1926–2002) in seinem Buch *Die Nemesis der Medizin* bereits im Jahre 1975 die Auswirkungen des modernen Medizinbetriebs auf die Menschen beschrieben. Illich stellte fest, dass Menschen keinerlei Verantwortung für die eigene Gesundheit mehr übernehmen, wenn sie sich nur noch als Teil einer Medizinbürokratie erleben. In diesen Bürokratien sind nur ganz bestimmte Experten für das Funktionieren der Körper verantwortlich. Dem Individuum jede Kompetenz in Sachen Gesundheit und Heilung abzusprechen ist demnach ein Charakteristikum moderner Gesundheitssysteme. Illich bestreitet nicht, dass die moderne Medizin in einigen Bereichen einen Fortschritt darstellt. Doch ein großer Teil der Behandlungen sei sinnlos oder sogar kontraproduktiv. Der moderne Mensch muss sich überhaupt nicht mehr mit sich selber auseinandersetzen. Er kann sein Leben stoisch und ohne irgendwelches Schicksal hinter sich bringen. Schmerzen bleiben ihm erspart.

Horst-Eberhard Richter sieht im Kampf gegen das Leiden eine Konsequenz des neuzeitlichen Gotteskomplexes:

> *«Die totale Auslöschung des Leidens wurde automatisch*
> *zu einem vorrangigen gesellschaftlichen Ziel als Kehrseite*

des Dranges nach narzisstischer Omnipotenz. Die absolute
Selbstsicherheit als Rettung vor der verzweifelten Verlorenheit
verlangt eine beständige Abwehr der Erfahrung der Brüchig-
keit, der Versehrbarkeit, des Sterbenmüssens.» [*]

Der Drang nach Omnipotenz durchzieht die Geschichte von der
Antike bis zu den Plänen der Transhumanisten. Die Verdrängung von Schmerz und Leid ist eine logische Konsequenz. Unser
modernes Schmerzmanagement ist nur die Fortsetzung dieser
Haltung. Natürlich gab es über die Jahrhunderte auch andere Ten-
denzen. So hat etwa das Christentum eine andere Einstellung zum
Schmerz vertreten. Doch die Mentalität einer kleinen Gruppe hat
sich langsam durchgesetzt. Philosophisch war in dieser Hinsicht der
antike Stoizismus besonders wirksam, der auch Descartes und Kant
stark beeinflusst hat.

Wer als Mensch leben will, wird sich auch auf Schmerzen und Leiden
einlassen müssen. Einfach ist das natürlich nicht. Wer heute in existenziellen Fragen auf persönliche Lebenserfahrung und die lange
Bekanntschaft mit sich selber vertraut, bewegt sich gesellschaftlich
schon in einer Grauzone. Man setzt sich schnell dem Verdacht aus,
unverantwortlich zu handeln, wenn man es wirklich riskiert, ganz
auf die eigene Intuition und Erfahrung zu vertrauen. Das gilt ganz
besonders für Fragen, die den eigenen Körper betreffen. Der erste
Schritt zur Wiedergewinnung individueller Entscheidungskompe-
tenz besteht darin, mit dem eigenen Leib vertraut zu werden. Denn
unser Zugang zu uns selber unterscheidet sich fundamental vom
Zugang des Naturwissenschaftlers und damit des Arztes. Unser
Leib liefert eben keine objektiven, vergleichbaren Daten. Ob wir uns

---

[*]   Horst E. Richter, *Der Gotteskomplex*, Reinbek bei Hamburg: Rowohlt 1979, S. 129

gut oder schlecht, gesund oder krank fühlen, das ist allein Resultat subjektiven Spürens. Aber wir wollen heute nicht *spüren*, sondern *wissen*. Themen wie Lebensverlängerung, Transplantationsmedizin oder Sterben in Würde stellen uns im Ernstfall vor große Herausforderungen. Auch auf der Intensivstation verschmelzen wir nicht mit den Geräten, sondern bleiben spürende Wesen. Die Einübung in die eigene Leiblichkeit sollte daher möglichst früh und vor dem Hintergrund weniger dramatischer Ereignisse beginnen.

Neue medizinische Techniken dringen heute immer weiter in den Leib ein und erlauben Eingriffe, die auch Konsequenzen für unser Selbst und damit unsere Identität haben können. Diese Entwicklung ist zwar nicht neu, doch verschärft sie sich durch den technischen Fortschritt. Wir wissen nicht, welche Techniken zukünftig verfügbar und üblich sein werden. Schon aus diesem Grund halte ich die Ausführungen hier möglichst allgemein. Sie sollen nur daran erinnern, *dass* medizinische Techniken immer stärker in unser Leben und speziell unseren Leib eingreifen werden.

Wenn wir die Spaltung in Körper und Seele ablehnen, betreffen solche Techniken uns ganz unmittelbar. Jede Distanzierung ist dann zwecklos. Jeder medizinische Eingriff ist ein Eingriff, der uns unmittelbar als leibliche Wesen betrifft. Es geht nicht um die Integrität *irgendeines Körpers*, sondern um die Integrität *meines Leibes*. Wenn wir den Einsichten der Leibphilosophie folgen, dann betrifft jeder Eingriff in unseren Körper uns selbst als ganze Person. Es ist dann sinnlos, sich darauf zu berufen, dass die Seele von solchen Eingriffen ja unberührt bleibe. Das entspräche der Strategie stoischer Philosophen, sich möglichst weit vom unmittelbaren Empfinden zurückzuziehen, um sich unverletzbar zu machen. Das führt zu einer Verkümmerung des Ichs. Außerdem würde es bedeuten, sich medizinischen Techniken und Therapien bedenkenlos auszuliefern.

Ohne eine gewisse Bereitschaft, auch Schmerzen und negative Gefühle auszuhalten, ist die Bildung eines stabilen Selbst überhaupt nicht möglich. Doch Schmerzen gelten als unerwünscht, weshalb Menschen seit jeher Techniken für den bewussten Umgang mit Schmerzen entwickelt haben. Epikur weist zu Recht darauf hin, dass schon Kinder den Schmerz fliehen. Damit sieht es Epikur als erwiesen an, dass der Mensch von Natur aus nach Schmerzfreiheit strebe. Das ist sicher richtig. Allerdings gibt Epikur aus guten Gründen zu bedenken, dass wir Schmerzen trotzdem nicht generell meiden sollten. Genau das tun wir heute aber. Ivan Illich weist auf die Gefahren hin, die das mit sich bringt:

> «*Die Abtötung des Schmerzes verwandelt die Menschen zunehmend in fühllose Zuschauer ihres eigenen, verkümmernden Ichs.*» [*]

Wenn unser *Ich* nicht verkümmern soll, müssen wir uns in den Umgang mit Schmerzen einüben. In modernen Gesellschaften werden Schmerzen soweit wie möglich gemieden, wenn das nicht funktioniert, werden sie bekämpft und erstickt. Ein wesentliches Ziel vieler Psychotechniken etwa ist die Vermeidung und Bekämpfung seelischer Schmerzen aller Art. Körperliche Schmerzen werden bekanntlich konsequent mit Schmerzmitteln bekämpft, diese gehören daher zu den meistkonsumierten Medikamenten überhaupt. Im ersten Kapitel haben wir gesehen, dass es gerade der leibliche Schmerz sein kann, der uns ganz auf uns selber zurückwirft und somit unsere Identität festigen kann. Wie viel Chemie auch

---

[*] Ivan Illich, *Die Nemesis der Medizin*, München: Beck 2007, S. 111

immer bei der Entstehung von Schmerzen beteiligt sein mag, erlebt werden diese immer als leibliche Enge. Der Schmerz wirft uns auf diese Weise auf uns selber zurück und bringt uns in Kontakt mit der Basis unserer Individualität.

Es gibt Schmerzen, die man vorübergehend durchaus ertragen kann. Auf solche Schmerzen kann man sich zeitweise einlassen, ohne eine existenzielle Krise zu riskieren. Ich meine damit Liebeskummer, vorübergehende Einsamkeit oder leichte körperliche Schmerzen. Das ist heute schon unüblich und auch unerwünscht, binden solche Zeiten doch Energien, die *positiv* genutzt werden könnten. Wollten wir solche Schmerzen ganz aus unserem Leben ausschließen, dann würden wir nicht nur auf viele menschliche Grunderfahrungen verzichten, sondern uns selber zunehmend betäuben. Deshalb kann man vorsichtig sagen: ein Leben ganz ohne Schmerzerfahrungen ist kein menschliches Leben.

Es sind vor allem die emotionalen Erfahrungen in der Jugend, die uns reifen lassen und zur Bildung einer stabilen Persönlichkeit beitragen können. Dazu gehören neben positiven Erfahrungen eben auch negative und damit schmerzliche Erlebnisse. Damit soll natürlich nicht das Zufügen von Schmerzen legitimiert werden. Ein Leben ganz ohne körperliche Schmerzen gibt es sowieso nicht, aber auch von schmerzhaften Enttäuschungen und Kränkungen bleibt kein Mensch verschont. Das ist in unserer egoistischen Gesellschaft wirklich ausgeschlossen. Es ist deshalb notwendig, den Umgang mit Schmerzen zu erlernen und sie als Teil des Lebens zu begreifen. Zu einem bewussten Umgang mit Schmerzen gehört auch ihre Bekämpfung. Natürlich spielt auch die individuelle Schmerztoleranz eine Rolle. Ab einem bestimmten Lebensalter und bei manchen Krankheiten kann und soll dann die konsequente Bekämpfung von

Schmerzen natürlich eine Strategie sein, das Leben erträglich zu machen. Schmerzbekämpfung ist also keineswegs zu verachten. Nur sollten wir uns ihrer Bedeutung und Gefahren bewusst sein.

Sehr zu denken gibt in diesem Zusammenhang eine Überlegung Arthur Schopenhauers:

> «Wir fühlen den Schmerz, aber nicht die Schmerzlosigkeit; wir fühlen die Sorge, aber nicht die Sorglosigkeit; die Furcht, aber nicht die Sicherheit.» [*]

Intensiv ist das Leben demnach nur dann, wenn wir es als unangenehm empfinden. Die logische Konsequenz: Es wäre besser, überhaupt nicht zu leben. Denn gut zu leben bedeutet aus dieser Perspektive, sich möglichst gar nicht zu spüren. Das Leben spielt sich demnach zwischen zwei Polen ab: Zwischen Zuständen, in denen wir uns zwar leiblich gegeben sind, die wir aber so schnell wie möglich hinter uns lassen wollen. Und zwischen anderen Zuständen des alltäglichen Daseins, in denen wir uns kaum noch spüren, weshalb wir uns leiblich nicht mehr gegeben sind. Wir müssen also dafür sorgen, uns auch dann zu spüren, wenn wir nicht von Schmerzen und Sorgen geplagt werden. Wir dürfen den Kontakt zum Leib und damit zu uns selbst nicht abbrechen lassen. Die Erfahrung Schopenhauers spiegelt sicher auch den Lebensstil und das Selbstverständnis einer bestimmten gesellschaftlichen Klasse wider. Die gebildeten bürgerlichen Schichten des 19. Jahrhunderts waren äußerst disziplinierte Menschen, die sich ganz bestimmten Verhaltensmustern anzupassen hatten. Die erste Bürgerpflicht

---

[*] Arthur Schopenhauer, *Die Welt als Wille und Vorstellung II*, Zürich: Haffmanns Verlag 1999, S. 668

lautete damals *Selbstbeherrschung*. Wer damals nicht als Bauer unter Not und Schmerzen litt, der litt eben als wohlhabender Bürger an unerträglicher Langeweile. Schopenhauer beschreibt das Pendeln zwischen diesen Polen auch in seinen *Aphorismen zur Lebensweisheit* sehr drastisch. Was er damit thematisiert, entspricht heute dem Lebensgefühl vieler Menschen. Die Welt erscheint leer, das Leben öde und sinnlos, sobald wir von existenziellen Sorgen befreit sind. Viele Menschen erleben dann eine Krankheit und die damit verbundenen Schmerzen als ein willkommenes Ereignis, dass sie im Rückblick nicht missen wollen. Das ist eigentlich bedauerlich, aber man kann davon ausgehen, dass die Krankheit diese Menschen wieder in Kontakt mit sich selber gebracht hat. Sie wurden durch die Krankheit aus ihrer Sorglosigkeit gerissen und zwangsweise mit sich in Kontakt gebracht. Es ist besser, uns auf den Leib einzulassen, bevor er uns dazu zwingt. Techniken, die in unseren Leib eingreifen, sind heute so vielfältig und ausgefeilt, dass sich die meisten Menschen schon in sie verstrickt haben, bevor sie sich bewusst dafür oder dagegen entscheiden konnten. Es kommt deshalb darauf an, dass wir rechtzeitig lernen, in unserem Körper zu wohnen und ihn auch dann zu spüren, wenn er nicht schmerzt. Denn Schmerz ist nur *eine* intensive Form des sich Spürens, aber zum Glück nicht die einzige. Die Verfeinerung des leiblichen Spürens kann dazu führen, dass der Leib sich irgendwann nicht mehr *abmeldet*, da er in das Selbst integriert worden ist.

Wenn das der Fall ist, haben wir eine Haltung entwickelt, die es erlaubt, existenzielle Entscheidungen viel souveräner zu treffen. Zu denken ist hier beispielsweise an die Transplantation von Organen. Der französische Philosoph Jean Luc Nancy (1940–2021) hat sehr drastisch beschrieben, wie wenig die Trennung zwischen Körper und Seele mit der Wirklichkeit zu tun hat. Nancy hatte sich selber einer Herztransplantation unterzogen. Er war als Rationalist ein Anhänger des René Descartes und betrachtete sein Herz daher als Pumpe, die eben ausgetauscht werden müsse. Erst die Erfahrungen mit dem neuen Herz belehrten ihn darüber, dass dieses nicht nur ein mechanisch funktionierendes Organ ist, sondern etwas mit unserer Identität zu tun hat. Nancy beschreibt ausführlich die verstörenden Entfremdungserfahrungen, die mit dem neuen Herzen verbunden sind.[*] Mit der Organtransplantation beschäftigt sich auch die Psychotherapeutin Elisabeth Wellendorf. Sie hat Menschen nach einer solchen Transplantation betreut. Sie berichtet von einem jungen Mann, der sich seinen Eltern zuliebe Herz und Lunge transplantieren ließ. Er selber hatte schon gelernt, mit seiner Krankheit zu leben. Auch wäre er bereit gewesen, zu sterben. Die verpflanzten Organe führten auch bei ihm zu einer tiefen Identitätskrise. Er lebte mit dem Schuldgefühl, einen anderen Menschen am Sterben gehindert zu haben. Nur der Gedanke, dem Spender sein Herz zurückgeben zu können, beruhigte ihn und kurz darauf verstarb er. Wellendorf nennt diesen Fall ein medizinisches Fiasko, von dem aber die Mediziner nichts hören wollten. Diesen ging es nur um die Verteidigung eines *mechanistischen Menschenbildes*.[**] Dieses Menschenbild schien dem eigensinnigen Ausnahmepatienten fremd zu sein. Er beharrte ganz selbstverständlich auf einer *eigenen* Haltung gegenüber dem eigenen Körper und gegenüber dem Organspender. Wie die *richtige Haltung* ausgesehen hätte, können wir von dem Psychoanalytiker Alexander Mitscherlich (1908–1982) lernen:

---

[*]   Jean-Luc Nancy, *Der Eindringling/ L´intrus. Das fremde Herz*, Berlin: Merve 2000

[**] Elisabeth Wellendorf, *Persönlichkeitsveränderung im Rahmen der Organverpflanzung? In: Individualität und Ethik*, Stuttgart: Urachhaus 1997, S. 155

«Wenn wir sehen, dass die moderne Medizin den Menschen auf die Objektstufe gerückt hat, so entspricht dem beim Kranken eine Distanzierung von seinem Leib in der Krankheit. Er sagt zwar: Ich bin krank. Aber er meint: Er ist krank – dieser dem Verstand verbindlich und zugleich auch unverbindlich, zufällig zugeordnete Leib. Infolgedessen lässt sein Anliegen um Reparatur, das ihn zum Arzt führt, seine persönliche Sphäre nach Möglichkeit außer Betracht. Nicht nur der Arzt, auch er selbst denkt über die Krankheit anonym.» [***]

Mitscherlich beschreibt hier am Beispiel des Patienten ganz exakt das gegenwärtige Verhältnis zum eigenen Körper. Der Zugang zum gespürten Leib ist versperrt, Arzt und Patient behandeln den Körper in gleicher Weise: Als ein fremdes Ding unter Dingen, welches repariert werden muss. Descartes' Trennung des Menschen in eine körperlose Seele und einen davon getrennten Körper ist keine harmlose Angelegenheit. Der isolierte Geist blickt verloren auf die Welt der Gegenstände da draußen. Einer dieser Gegenstände ist der eigene Körper. Die emotionale Verbindung zur Basis des Lebens ist gekappt, Solidarität gibt es nicht einmal mit dem eigenen Leib. Der erwähnte Patient war eine wohltuende Ausnahme – er empfand sogar noch Solidarität mit dem Organspender. Aus der von Mitscherlich beschriebenen Perspektive ist es verständlich, dass die Ärzte von dem *medizinischen Fiasko* nichts hören wollten. Es passte eben nicht in das moderne Bild vom Menschen.

Die beiden Beispiele aus der Transplantationsmedizin zeigen, was es im Ernstfall bedeuten kann, sich für oder gegen eine bestimmte

---

[***] Alexander Mitscherlich, *Kranksein verstehen. Ein Lesebuch*, Frankfurt am Main: Suhrkamp 2010, S.93

Therapie entscheiden zu müssen. Man muss mit sich selber vertraut sein, um auf solche Situationen vorbereitet zu sein. Selbstbestimmung und Würde sind eben nicht nur abstrakte Begriffe, die sich auf eine immaterielle Seele beziehen. Diese Begriffe müssen sich vielmehr in ernsten, wenn auch seltenen Situationen, erst wirklich bewähren. Dazu gehört ganz besonders die Selbstbestimmung in medizinischen Fragen. Verantwortung in Fragen der Gesundheit vollständig an Experten zu delegieren ist heute für viele Menschen eine Selbstverständlichkeit. Dagegen ist laut Gernot Böhme

> *«das Beharren darauf, wann und wie man sich im Leben gesund fühlt, und schließlich der Kampf um einen würdigen Tod schon eine heroische Leistung.»* *

Ohne frühzeitige Einübung können wir keine entsprechende Haltung entwickeln. Die meisten Menschen werden sich *für* den Eingriff entscheiden, wenn sie plötzlich und unvorbereitet vor der Entscheidung stehen. Der moralische Druck spielt natürlich auch eine Rolle. Widerstand wird deshalb leider zu einer Kompetenz, die es einzuüben gilt. Die Integration des Leibes in das eigene Selbst wird spätestens hier zu einer unverzichtbaren Aufgabe.

---

*   Gernot Böhme, *Ethik leiblicher Existenz*, Frankfurt am Main: Suhrkamp 2008, S. 105

Das höchste Gut: Heiterkeit

In modernen Gesellschaften ist das Streben nach Glück zu einem wesentlichen Lebensinhalt geworden. Die ganze Gesellschaft soll möglichst so eingerichtet sein, dass sie ihren Mitgliedern anhaltendes Glück garantiert. Das ist wenig überraschend, denn der Moderne liegt das Versprechen nach dem *größtmöglichen Glück für die größtmögliche Anzahl von Menschen* zugrunde. Diese Formulierung stammt von dem Philosophen Jeremy Bentham. In Benthams Forderung ist bereits die Steigerungslogik der Moderne erkennbar, mit der wir heute in Form von Wirtschaftswachstum und ausuferndem Konsum zu kämpfen haben. Aber der Widerspruch springt natürlich sofort ins Auge: Warum sollen Menschen in Gesellschaften, die derart viel Sinnloses produzieren und die Umwelt dadurch zerstören, auch noch glücklich sein? Benthams Glücksformel war eine notwendige Selbsttäuschung, um die Errichtung von Neu-Atlantis nicht zu gefährden. Wir wissen heute, dass entfremdete Menschen niemals glückliche Menschen sind. Aber nur *vollkommen* entfremdete Menschen passen sich *vollkommen* an die Industriegesellschaften an. Aber nicht alle Menschen sind vollkommen entfremdet. Wäre das der Fall, dann hätte dieses Buch weder einen Autor, noch interessierte Leserinnen und Leser. So aggressiv und aufdringlich die Konsumgesellschaft mittlerweile auch sein mag, eine bestimmte Art zu leben und zu fühlen ist bis heute nicht zwingend vorgeschrieben. Andere Lebensformen sind innerhalb der Industriegesellschaften *möglich*, wenn auch nur wenige Menschen von dieser Möglichkeit Gebrauch machen.

Dass sich das Glück der Wachstumslogik entzieht, hätte man schon von Epikur lernen können. Glück lässt sich weder quantifizieren, noch lässt sich überhaupt ein allgemeines Glück für alle Menschen definieren. Was den einen glücklich macht, das ist für den anderen eine Zumutung. Man denke nur an bestimmte Sportarten oder die Wahl des Wohnortes: Manche Menschen träumen von einer Wohnung in Manhattan, für andere Menschen ist das eine unattraktive Betonwüste. Ein allgemeines Glück für alle kann es nicht geben. Deshalb ist es auch keine gesellschaftliche Aufgabe, das Glück ihrer Mitglieder zu garantieren. Eine Gesellschaft kann und soll die Basis dafür schaffen, dass sich jeder Mensch möglichst individuell entfalten kann.

Die Moderne ist durch die Auflösung von Traditionen und Bindungen gekennzeichnet. In dieser Epoche wird der Mensch mehr und mehr zu einem isolierten Individuum, das in einer anonymen Gesellschaft bestehen muss. Wir haben für die Befreiung von der traditionellen Gesellschaft insofern einen hohen Preis bezahlt. Ausbleibendes Glück empfinden viele Menschen daher nicht zu Unrecht als Kränkung. Allerdings liegt der technisch orientierten Moderne eben auch das Missverständnis zugrunde, man könne Glück einfach produzieren wie ein Industrieprodukt. Viele Menschen glauben noch immer an die Gleichung, wonach Glück aufgrund äußerer Faktoren messbar sei und sich mit Psychotechniken steuern und erzeugen lasse. Glücksratgeber und Glücksexperten befeuern diesen Glauben, meistens aber nur im Interesse des eigenen Glücks.

Aus Sicht der Leibphilosophie ist es leicht, die Illusion eines derart verdinglichten Begriffs von Glück zu durchschauen. Denn die ewige Jagd nach Glück wird nicht durch das erhoffte Glück motiviert, wie es zunächst scheint. Der entscheidende Antrieb ist das unglücklich Sein, also ein Gefühl des Mangels. Dieser Mangel hat aber nur selten mit den erhofften Glücksgütern zu tun. Man glaubt zwar, das neue Produkt oder ein neuer Partner würden den Glückshaushalt wieder ins Gleichgewicht bringen. Das tun sie wie alles Neue meistens nur für kurze Zeit, von Ausnahmen natürlich abgesehen. Aber in den meisten Fällen ist es die Grundstimmung unseres Lebens, die uns süchtig nach dem Glück macht. Wenn zu dieser Grundstimmung Gefühle der Langeweile und Sinnlosigkeit gehören, deutet alles auf einen verstimmten Leib hin. Wie ein verstimmtes Musikinstrument produziert der Leib Dissonanzen statt Wohlklang. Solange unser Leib derart verstimmt ist, wird die Glückssuche in den Kampf mit einem inneren Rivalen ausarten. Der Leib ist allerdings keine Quelle permanenter Glücksgefühle. Wenn wir uns auf ihn einlassen, werden aber Gefühle der Leere und damit des Mangels abnehmen.

Wenn man lernt, ein antrainiertes Glück vorzutäuschen, so brechen irgendwann innere Konflikte umso stärker durch. Wenn wir beginnen, an der Basis unseres Lebens zu arbeiten, wird sich solche Schauspielerei irgendwann erübrigen. Die zum Leben notwendige Fundierung des Selbst im Leib führt zu einem entspannten Umgang mit der Frage nach dem Glück. Die Arbeit an der Basis unseres Lebens schafft die Voraussetzung für eine nachhaltige Umstimmung, die ganz ohne Selbstbetrug auskommt. Allerdings verspricht diese Umstimmung kein Leben im Rauschzustand himmlischer Glücksgefühle, sondern im besten Fall eine beständige Heiterkeit. Über die Heiterkeit kann man einiges von Arthur Schopenhauer lernen, wenn auch seine Worte etwas altmodisch klingen:

«Nichts kann so sehr wie diese Eigenschaft, jedes andere Gut vollkommen ersetzen; während sie selbst durch nichts zu ersetzen ist. Einer sei jung, schön, reich und geehrt; so frägt sich, wenn man sein Glück beurteilen will, ob er dabei heiter

sei: ist er hingegen heiter, so ist es einerlei, ob er jung oder alt,
gerade oder pucklich, arm oder reich sei; er ist glücklich.» *

Äußere Güter sind allenfalls eine negative Voraussetzung für das
Glück, von dem Schopenhauer spricht. Ihr Fehlen kann unser Glück
verhindern, aber ihr Vorhandensein ist noch kein Garant für das
Glück. Dieses ist abhängig von unserer inneren Gestimmtheit.

Auch Wilhelm Schmid empfiehlt dem Lebenskünstler die Heiterkeit. Er bezeichnet sie als *Wohlgestimmtheit des Gemüts, welche ein
Leben im Gleichmaß voraussetze.* Dieses Leben wiederum beruht
laut Schmid auf dem Zusammenspiel von Körper, Seele und Geist.
Schmid bestreitet aber ausdrücklich, dass es sich bei der Heiterkeit
um eine Stimmung handelt.** Was Schmid vorträgt ist zwar äußerst
wohlklingend, aber wie soll man sich die Heiterkeit vorstellen, wenn
sie mit Wohlgestimmtheit, Gemüt, Körper, Seele und Geist zu tun
hat, aber keine Stimmung sein soll? Hier zeigt sich deutlich, wie
wichtig die Wiederentdeckung des gespürten Leibes ist. Begriffe wie
Glück und Seele sind längst zu Zufluchtsstätten in einer heillosen
Welt geworden. Allein die Beschäftigung mit dem Thema Glück gibt
uns das tröstliche Gefühl, noch nicht ganz verloren zu sein. Es ist
deshalb höchste Zeit, die wichtigen Fragen des Lebens wieder in der
Lebenswirklichkeit zu verankern.

Auf der leiblichen Ebene kann die Heiterkeit als ein *gelöstes Spüren
von Weite* beschrieben werden. Diese stellt sich ein, wenn uns keine

---

* Arthur Schopenhauer, *Parerga und Paralipomena I*, Zürich: Haffmans Verlag 1999,
S. 323

** Wilhelm Schmid, *Schönes Leben? Einführung in die Lebenskunst*, Frankfurt am
Main: Suhrkamp 2000, S. 152

starken Sorgen bedrücken und der Leib entspannt, aber wach und lebendig ist. Es gilt daher, sich zunächst der eigenen Körperhaltung und insbesondere verspannter Muskeln bewusst zu werden. Denn chronisch verspannte Muskeln erzeugen ein Gefühl der Enge und Schwere, eingeschränkte Atemmuster senken die allgemeine Stimmung. Eine heitere Grundstimmung setzt immer innere Lebendigkeit voraus. Unser allgemeiner Lebensstil wie auch unsere einseitige Rationalität sind der gespürten Lebendigkeit wenig förderlich.

Auch weite Umgebungen und Landschaften können helfen, Gefühle der Enge hinter uns zu lassen. Allerdings vertreibt ein Aufenthalt am Meer nicht automatisch alle Schwermut. Ein heiterer Mensch erträgt leichter eine enge Umgebung, eine weite Landschaft kann hingegen einen bedrückten Menschen innerlich aufhellen. Selbstverständlich kann es auch wichtig sein, den Wohnort und das Lebensumfeld nach entsprechenden Kriterien zu wählen. Allerdings sollten äußere Faktoren auch nicht überschätzt werden. Das Licht des Südens, von dem Albert Camus so oft spricht, fördert erfahrungsgemäß die Heiterkeit. Aber es ersetzt nicht die Notwendigkeit, an sich zu arbeiten. Sehr hilfreich sind auch hier meditative Körperübungen. Richtig ausgeführt lösen sie Spannungen, vertiefen die Atmung und beleben. Solche Praktiken schaffen beste Voraussetzungen für gespürte Weite und damit auch für die Heiterkeit, der wir jederzeit Einlass in unser Leben gewähren sollten.

Der Sinn des Lebens

Wir können heute alles über unseren Körper *wissen*. Doch selbst ein jahrelanges Studium ist keine Garantie dafür, dass sich an der Entfremdung von uns selber etwas ändert. Die Ursache für diese Situation haben wir jetzt kennengelernt: Wir sind als Menschen so wenig identisch mit unserem Wissen, wie mit unserem Körper. Wenn es um den Sinn des Lebens geht, gerät die Sprache an ihre Grenzen. Aber wir wollen in Wahrheit gar nicht *wissen*, wer wir sind, sondern wir wollen es *spüren*. Um das zu ermöglichen, müssen wir uns auf den Leib einlassen, anstatt uns Antworten von Experten zu erhoffen. Das ist zwar nicht unbedingt populär, denn unsere Gesellschaft ist süchtig nach Neuem.

Technische Systeme werden künftig noch weiter in unser Leben vordringen. Besinnung auf uns selbst sowie Widerstand gegen bestimmte gesellschaftliche Entwicklungen werden daher zu einer moralischen Pflicht uns selber gegenüber. Die Leibphilosophie zeigt einerseits realistische Handlungsalternativen auf, andererseits kann sie aber auch zu mehr Gelassenheit führen. Wie wir gesehen haben, wird keine Technik dieser Welt den Menschen je vollkommen verwandeln. Was immer künftig mit dem Menschen geschieht, es wird Teil einer Entwicklung sein, die älter ist, als der Alarmismus unserer Mediengesellschaft. Was aber ohne Zweifel auf uns zukommt, ist eine weitere Entfremdung des Menschen von der Natur. Der Leib als die Natur, die wir selber sind, wird das gleiche Schicksal erleiden, wie die manipulierte und vergiftete Natur um uns herum. Wenn wir uns auf unseren Leib einlassen, können wir unsere Verstrickung in Vorurteile und Ideologien eher durchschauen, um künftig unsere Existenz wieder als das *eigene Leben* zu empfinden. Die Leibphilosophie ist so ernüchternd wie wirkungsvoll. Ernüchternd, da sie uns auf uns selber verweist und uns mit der Tatsache konfrontiert, dass ein erfülltes und sinnvolles Dasein weniger von äußeren Faktoren abhängt, als wir gemeinhin glauben. Der ungeheure materielle Aufwand, den wir betreiben, wäre in dieser Form überhaupt nicht nötig. Wirkungsvoll ist sie, weil sie nicht nur auf Diskurs und kluge Lebensregeln setzt, sondern die leibliche Wirklichkeit in das Selbst zu integrieren hilft.

Die diversen Körpertherapien und andere Körperpraktiken haben zwar schon einen kleinen Beitrag zur Versöhnung mit dem Leib geleistet. Sie bleiben aber oft unverständlich ohne das Wissen um den verdrängten Leib. Das Augenmerk solcher Therapien und Praktiken sollte verstärkt darauf gerichtet werden, den Leib wieder zu Bewusstsein zu bringen und ihn auch zu verteidigen. Leider ist aber eine andere Tendenz zu beobachten: Diese Praktiken werden teilweise an den Zeitgeist angepasst.

Das eigene Leben wirklich anzunehmen erfordert Nachdenken, Übung und auch Widerstand. Es genügt nicht mehr, sich bloß seines eigenen Verstandes zu bedienen, wie Kant es vom aufgeklärten Menschen gefordert hatte. Heute gilt es, das Leben bis hin zum eigenen Leib ganz konkret gegen die zunehmende und schleichende Technisierung zu verteidigen. Eine leibfundierte Ethik beschränkt sich deshalb nicht auf den reinen Diskurs, sondern zielt auf die Einübung einer individuellen Haltung. Wir leben im Zeitalter der Spezialisten. Aber wir sind nicht nur von solchen umgeben, sondern werden auch selbst zunehmend zu Spezialisten im Umgang mit uns selbst. Das Leben als Ganzes gerät dabei aus dem Blick. Niemand hat die Gefahren eines einseitig ausgebildeten Menschen so treffend beschrieben, wie Albert Einstein:

> «Es ist nicht genug, den Menschen ein Spezialfach zu lehren. Dadurch wird er zwar zu einer Art benutzbarer Maschine, aber nicht zu einer vollwertigen Persönlichkeit. Es kommt darauf an, dass er ein lebendiges Gefühl dafür bekommt, was zu erstreben wert ist. Er muss einen lebendigen Sinn dafür bekommen, was schön und was moralisch gut ist. Sonst gleicht er mit seiner spezialisierten Fachkenntnis mehr einem wohlabgerichteten Hund als einem harmonisch entwickelten Geschöpf. Er muss die Motive der Menschen, deren Illusionen, deren Leiden verstehen lernen, um eine richtige Einstellung zu den einzelnen Mitmenschen und zur Gemeinschaft zu erwerben.» [*]

Die Motive und die Leiden des Menschen kann aber nur verstehen lernen, wer das eigene Innenleben nicht vollständig verdrängt hat, um es durch marktkonforme Gefühle und Gedanken zu ersetzen. Heute droht uns außerdem eine ganz neue Art von Spezialistentum: Menschen, die so vollkommen in der digitalisierten Welt aufgehen, dass diese zu ihrer wahren Welt wird. Diese wahre Welt entsteht jeden Tag neu am Bildschirm, was dort nicht auftaucht, das dringt kaum noch ins Bewusstsein. Solch einer Dystopie entgegen zu arbeiten ist eine gesellschaftliche Aufgabe, die insbesondere in der Schule beginnen müsste. Derzeit bleibt uns nur, uns als Individuen beherzt auf uns selbst einzulassen. Das Ziel muss darin bestehen, uns auch jenseits wissenschaftlicher Expertise und Absicherung

---

[*] Albert Einstein, *Mein Weltbild*, Frankfurt/M; Berlin: Ullstein 1988, S. 23

im eigenen Leben orientieren zu können. Wenn es uns gelingt, eine leibbasierte Haltung zu entwickeln, dann werden uns viele Entscheidungen im Leben leichter fallen. Andere Probleme hingegen werden uns überhaupt erst zu Bewusstsein kommen. Wenn wir lernen, den eigenen Leib als Wohnstätte des Selbst zu begreifen, tauchen am Horizont die wirklichen Herausforderungen des Lebens auf. Diesen können wir uns nur stellen, wenn wir unmittelbar erleben, wer wir eigentlich sind. So wird es zu einer Grunderfahrung, dass man vieles nicht nur lassen kann, sondern es sogar lassen muss, wenn man als Mensch leben will. Denn wir sind keine Maschinen, sondern lebendige Wesen. Der Sinn des Lebens besteht darin, das zu spüren.